徹底批判!!

「私たちの道徳」

こんな道徳教育では国際社会から孤立するだけ

元北海道大学、金沢大学教員
いしかわ教育総合研究所・教育政策部会長
半沢英一〈著〉

合同ブックレット
10

合同出版

はじめに：『私たちの道徳』は「理性」なき「夢」、「個人」なき「家族」、「人権」なき「きまり」、「人類」なき「国」

安倍政権が道徳の教科化を計画し、(注1) 文部科学省が道徳教科書のモデルとして『私たちの道徳』というテキストを編さんし、(注2) その使用が教育現場で半ば強制されていることをお聞き及びかもしれません。

本書は『私たちの道徳』全4冊を概観することで、(注3) この「教科書」がどのような「道徳」意識を日本国民に刷り込もうとしているのかを分析し、それが如何《いか》に日本国憲法を含む国際人権論に反したもので、結果として日本人の知性を劣化させ、日本を国際社会から孤立させるものであるかを明らかにしようとするものです。

現在、道徳の教科化だけでなく、教育基本法の「改正」、教員免許の更新制度の導入、大学への国旗・国歌の「要請」、また大学における人文・教育系学部の「改廃」、育鵬社歴史・公民教科書採択の動きなど、国家権力による教育統制の動きがさまざまに進んでいます。(注4)『私たちの道徳』はそうした動きの一環です。

『私たちの道徳』は、「国防軍」を規定した自民党憲法草案に盛り込まれたような軍国主義や、戦前の植民地支配、侵略戦争を美化する育鵬社の教科書のような歴史修正主義を表立っては主張していません。部分的には「心を打つ」題材がちりばめ

(注1) 安倍政権は、小学校は２０１８年度、中学校は２０１９年度から道徳の教科化をおこなうとしており、２０１５年9月30日、それに対する教科書検定基準を告示した。「学習指導要領で示されている生命の尊厳、自然、伝統と文化…など現代的な課題を、教材として取り上げること」とされているが、具体的には、ここで挙げた①～④の意図が強制されると私は推測している。

(注2) テキストとして、小学校１・２年（わたしたちの道徳、文溪堂）、３・４年（わたしたちの道徳、教育出版）、５・６年（私たちの道徳、廣済堂あかつき）、中学校（私たちの道徳、廣済堂あかつき）の4冊が２０１４年に刊行された。本書では『私たちの道徳』で統一した。

(注3) 『私たちの道徳』の意図は全4冊を通読すると明確に浮かび上がってくる。全4冊の通読を勧める。

(注4) １９４７年に制定された教育基本法は、２００６年に「改正」され、「伝統と文化を尊重し…我が国と郷土を愛する」ことが目標に掲げられた[88]。自民党憲法改正草案（２０１２年公表）では基本的人権に条件が付けられ、憲法9条が「改正」され、「国防軍」が規定されている[78]。こういった動きの背後に、天皇制、排他主義、歴史修正主義を唱える「日本会議」の長年の運動がある。

られていて、『私たちの道徳』を読んだ方々から「一概に否定できない」「要は使い方」という声が聞かれる理由になっています。

しかし、マインド・コントロールの手法は、共感できることを入口にして人びとを偏狭な考えに導くことです。問題は取り上げられている教材の個々の良否ではなく、『私たちの道徳』を貫いている体系的意図にあります。(注5) その意図を読み取った上で、個々の教材の取り上げ方を批判的に再検討する必要があるでしょう。

『私たちの道徳』の体系的意図とは何でしょうか? それは、「夢」「家族」「きまり」「国」の4つのキーワードから構成される、次の4つにまとめられると私は考えています。

① 「夢」を持ち、競争させられることに疑問を持たない人間を造る。
② 「家族」を絶対視し、疑問を持たない人間を造る。
③ 「きまり」を批判せず、自他の人権と尊厳を考えない人間を造る。
④ 「国」を絶対視し、日本人である前に人間であるなどとは考えない人間を造る。

このような「道徳教育」を受けた人間は、社会的思考力が欠如し、国際水準の人権意識を欠いた無教養な人格になり、国家や大企業にとっては都合のよい人間ではありますが、人類社会の進歩に貢献することがない、偏狭な日本人になるのではな

(注5) 『私たちの道徳』を家庭に持ち帰らせる指導が執拗になされている。このことからも編さん者が学校教育の場に限らず、家庭における読書にも一定の意識支配の効果があると見込んでおり、義務教育の場を超えて、意識の改造を意図していることが推定できる。『私たちの道徳』の体系的意図を把握し、批判しなければならない理由の一つがそこにある。

いでしょうか。

どういう価値観を持ち、どのように生きるべきかという問いに対し、選挙で選ばれたに過ぎない時の政権が主権者である国民の意識の統制を企図すること自体が問題であり、それを許している国民の側にも責任があります。

私は、日本人は狭量なナショナリズムを克服し、日本国憲法を含む国際人権の意識によって生きるべきだと考えています。日本には、その生き方の参考になる、人類の普遍的価値につながる思想的伝統も存在します。

本書では、そのような思想や歴史認識を紹介しながら、『私たちの道徳』に対してだけではなく、現在、その動きを強めている思想統制一般に対しても、普遍的な抵抗の立脚点を考えていきたいと思っています。

本書は『私たちの道徳』から、その編さん者側の意図が推測できる項目を選び、批判的に検討をおこなっています。選択した項目は、おおむね相互に独立しているので、関心を持たれた項目から読んでいただいても結構です。

道徳の教科化がなされようとしている今、主権者としての、また人類の一員としての道徳とはどのようなものであるべきかを、問いなおす参考にしていただければ幸いです。

■もくじ

第3章　小学校5・6年テキストを読む

第4章　中学校テキストを読む

第1章

小学校1・2年テキストを読む

1 うさぎとかめ（p26〜27）

競争原理刷り込みへのプレリュード

『私たちの道徳』を学年順に見ていきましょう。

小学校1・2年のテキストは「自分を見つめて」という章の「きそく正しく気もちのよい毎日を」という節（巻末付録参照、以下同様）から始まっています。規則正しい生活を教材にするのは別におかしな話ではありませんが、その次の節「自分でやることはしっかりと」では、なまけてはならないという教訓談として「うさぎとかめ」の話が取り上げられています。

イソップ童話を何気なく教材に利用したかのように思えますが、相手の過失（ウサギの慢心）を利用しても勝ちは勝ちという、短絡的な解釈をうながすようにこの童話が冒頭近くに載ることに、『私たちの道徳』編さん者の思惑を感じざるをえません。『私たちの道徳』で以後繰り返される競争原理の奨励の、さりげない「プレリュード（前奏曲）」という印象を持たざるをえないのです。

随分古い話ですが、日本人が中国の子どもに「うさぎとかめ」の話をしたら、中国の子どもが不思議な顔をして、「なぜカメはウサギを起こして一緒に行かなかったのですか」と質問したという新聞記事を読んだことを思い出しました。当時、中国は「文化大革命」（1966〜1977）の最中で、「労働者は競争するのではなく団結すべきだ」という教育が徹底していたこともあったのでしょう。この記事に関しては後日談があって、その記事を読んだある日本の財界人が「これこそ共産主義の害悪だ」という文章をある雑誌に寄稿したのです。たまたま私は、この雑誌を読んだのですが、この財界人の文章から、「労働者の団結（注6）」に対する嫌悪感と恐怖心を感じました。

念のためにいうと私は、常にカメはウサギを起こしてともに歩むべきだと思っているわけではありません。ある状況のもとではカメがウサギの失策を利用することも許されるし、また別の状況ではウサギを起こし、あるいはともに進むことが望ましい、と自然体で考えるだけです。

「うさぎとかめ」の話は、「ウサギがおろかでカメは正しい」「なまけたものの自己責任」といった見方のみが教え込まれるとなると、無難な教材というわけにはいきません。「カメがウサギを起こして一緒に行く」といった別の考え方もあることを、子どもに教えてもらいたいものです。

（注6）　1948年、連合国軍最高司令官マッカーサーの書簡を受けて、公務員の団体交渉権と争議権を否定する「政令201号」が芦田内閣から出され［70］、現在も「政令201号体制」が続いている。実際、団体交渉権と争議権は国家公務員法98条によって否定され、「勤労者の団結する権利及び団体交渉その他の団体行動をする権利は、これを保障する」（日本国憲法28条）という規定を蹂躙《じゅうりん》していることをILOも問題視している［61］。日本国憲法を「押し付け」と主張する人びとは、政令201号体制を「押し付け」と非難しない。なぜなら、政令201号体制は、アメリカの反動勢力から日本国民には押し付けられたものだが、日本の支配層にとっては贈られたものであり、日本国憲法は、国際民主主義から日本の支配層に押し付けられたものだが、日本の一般国民にとっては贈られたものだからだ。

2 小さなつみかさね（p28～31）

二宮尊徳《そんとく》像の国家主義的歪曲

「自分でやることはしっかりと」の節に、貧農の家に生まれ若くして父母や家を亡くし、叔父の家に養われた二宮金次郎が苦学の結果、成功し、家を再興させたという、年配の人にはよく知られた話が取り上げられています。

二宮尊徳（幼名・金次郎）（1787～1856）は、江戸時代末期の農業経営思想家・実践家で、相模《さがみ》に生まれ大洪水で没落した実家を苦学の末、再興させたことは『私たちの道徳』が紹介するとおりです。しかし、大藤《おおとう》修氏の好著『二宮尊徳』（吉川弘文館、2015）によれば、尊徳は後に「興国安民」の思想に至り、人生の後半を貧窮民の救済と荒廃した農村の復興に捧げ、晩年、自身の若い頃の苦学を一家復興のための私欲に過ぎなかったと反省したといいます［29、はしがきp7、本文p72］。大藤氏によれば『私たちの道徳』は、尊徳自身が否定する「美談」をことさら取り上げていることになります。

大藤氏は、二宮尊徳の思想である「興国安民」の本質は明治以後の日本が選択した「富国強兵」の国策と突き詰めていけば矛盾をはらんだものだったが、尊徳思想の後継者は明治政府に迎合する立場から、尊徳の思想を歪曲して、国民精神教化の

二宮尊徳座像

ために利用したとされています［29、p292］。

また、大藤氏は、明治以後、国定修身教科書にもっとも多く登場する人物は明治天皇(注7)と二宮金次郎だとした上で、

> 教育史家の唐澤富太郎によれば、絶対的権威の象徴としての明治天皇に、下から対応する人物として位置づけられていたのが、勤倹力行の典型としての、少年「二宮金次郎」であったという。それは絶対的な高みからなされる軍国主義的、国家主義的な国民教化に、ただただ従順に服して勤倹力行に努める理想的な臣民の姿であった。
>
> しかも二宮金次郎は、貧農の子として全国いたる所にみられる一般性を備えており、国民に親近感をいだかせやすい人物であった。資本主義化の進行のなかで、家が没落し金次郎と同様な境涯におちいる子どもは無数に発生しつづけた。彼らに対し、貧しいなかにあっても勤倹力行し勉学すれば自力で家を立て直せる、という激励のメッセージを発する役割を、日本の近代の歴史において、少年「二宮金次郎」は担わされたのである。
>
> その一方で、「二宮金次郎のように勤倹力行につとめたら、こうもならなかったのに」というように、不幸の原因を自分自身に負わせて自責の念にかられるという、日本人らしい「不幸の心理的解決法」を与える格好の材料ともなったことを、唐澤は指摘する。

（注7） 明治天皇（1852〜1912）は神話的美化がなされている人物だが、千本秀樹氏の著書［55］では、日清戦争（1894〜1895）開戦前は清国の強大さに恐怖し、開戦後連戦連勝となると躁状態になった軽薄さが紹介されている。

金沢市の廃校になった小学校に残る二宮金次郎像

と、教育史家・唐澤富太郎氏の見解を引用しています［29、ｐ３００～３０１］。

つまり「二宮金次郎」は戦前、「何も考えずに働こう」「うまくいかないのは努力が足りなかったからだ」と考える、権力や資本に都合のよい人間を育成するときのモデルとして利用されたのです。

一方、『私たちの道徳』も「社会に疑問をいだかず働こう」「自分の待遇が悪いのは自分の努力の足りないせいだ」と考える人間が好ましいとしています。したがって小学校１・２年テキストの冒頭部に「二宮金次郎」が戦前の国定道徳教科書と同様に登場しても特に不思議ではありません。(注8)

3 よいと思うことはすすんで（ｐ32～33）

他者の不在

「よいと思うことは進んで」という節で、武者小路実篤《さねあつ》（１８８５～１９７６）の「いいと思ったことは　どんな小さいことでもするがいい」という言葉が掲げられています。

その通りだ、と思われるかもしれませんが、『私たちの道徳』に一貫して見られる問題性、多くの日本人に見られる悪癖がこの言葉を教材にしたことに現れていると私は考えます。この言葉には、「自分がよいと思ったこと」が、はたして「相手

（注8） ただし家意識などが激変した現代社会において、二宮金次郎が「国民に親近感をいだかせやすい人物」だとはとても思えない。「二宮金次郎物語」の踏襲は編さん者の知的限界を感じさせる。

にとってもよいこと」なのかという他者への配慮が欠如しているからです。

『私たちの道徳』に一貫する問題性とは「他者の不在」と私は考えています。(注9) 自分たちと思想や価値観の違う人間がいるという視点が『私たちの道徳』には欠けています。「自分の見方や考え方だけが全てではない」という話が中学校版に出てきますが、そこでも「見方」「考え方」という技術的なことにとどまり、思想や価値観の違いという本質的な問題は避けられています(第4章33参照)。

日本人は他者に「配慮」するという基本的な姿勢が欠如しているばかりではなく、そもそも「他者」を認識できないのかもしれないと考えさせられる事件が、この原稿を推敲しているときに起きました。国会という公の場で、丸山和也・参議院議員(自民)が「アメリカは黒人が大統領になっているんですよ。黒人の血を引くね。これは奴隷ですよ。はっきり言って」と他国の大統領を「奴隷の子孫」と決めつけました(2016年2月17日の参院憲法審査会)。

「奴隷の子孫」という認識が誤ったものだという知識の貧困は問わないとしても(オバマ氏の父親はケニア人、母親は白人)、弁護士の資格を持つ丸山氏には、「奴隷」という言葉に反応する国際社会も、インターネットによって一瞬にして発言を受け取る「他者」も「不在」のようです。

『私たちの道徳』の意図が、自国民本意の国民教化にある限り、「他者」の視点の軽視、欠如は論理的必然といえるでしょう。自分が「よい」と思っても相手は「よ

(注9)「他者の不在」は、明治維新以後の大日本帝国の歩みを「侵略ではなくアジアの解放だった」「日本がアジアでしたことは相手のためになった」という言説に典型的に現れている。そこには「解放か侵略かは当事者のアジア民衆に聞け」という当然の発想が欠如している。

い」と思わないこともあることを、私たちは心する必要があるのです。

4 おはかまいり（p94〜95）

自国文化の無批判な讃美へのプレリュード

「いのちを大切に」という節には、動物学者の河合雅雄氏が書いた、なおとという子どもが、「どうぶつ学者のおじさん」に、アフリカゾウが死期を悟ると墓場に向かい、そこで死ぬという話は本当かと確かめる話が載っています。

「おじさん」は、「ゾウのはかば」を「作り話」と答えながら、それに続けて、アフリカゾウは「なか間がしぬと、体に草や木のはをかけて、そうしきをするんだ。そして、ほねだけになってもやってきて、なつかしそうにほねをなでていく。とくに子どもは、しんだお母さんのことを一生おぼえているんだよ」と解説します。なおとは、胸がジーンとあつくなり、「おじいちゃんのおはかまいりをするのと同じですね」と応え、「おじさん」は「そうだよ。今、おじさんたちがこのせかいにいるのは、ご先ぞさまのおかげだものね。おじさんがしんだら、なおとは、おじさんのおはかまいりをしてくれるかな」と結んでいます。

心温まる話とも見えますが、この話には論理的混乱があります。「ゾウのはかば」を「作り話」としながら、いつのまにか「おじいちゃんのおはかまいりをするのと同じ」になっていることです。

「墓」は世代を超えて死者を祀る永続的施設です。アフリカゾウも死骸や白骨に対して悲嘆の感情を示しますが、一般的な動物の悲嘆であり(注10)、遺体が風化してしまった後も、繰り返してその場所に参ることはありません。人間社会の墓参と動物の一時的悲嘆を、「おはかまいりをするのと同じ」とすることには無理があり、河合氏の話を利用して、日本文化に顕著な「先祖崇拝」を普遍化したいという、編さん者の意図が見てとれます。

もちろん私は、墓参という行為や先祖崇拝の観念それ自体が批判されるべきだと思っているわけではありません。しかし、それが日本文化の美質であり、普遍的な意味を持つものと教えることは、人類の文化の多様性から目を閉ざさせるという意味で、教育的に間違いだと考えます。

実際、世界にはインドやチベットなど、火葬、水葬、あるいは鳥葬など葬式はあっても、墓のない国や地域があります[45、p42]。ヒンドゥー教や仏教の輪廻《りんね》思想では、死者は別の人間になって生まれ変わるので、墓は無意味になるからです(注11)。また日本でも「墓を否定する思想(注12)」がなかったわけではありません。

『私たちの道徳』は自民党憲法改正案などと共通の思想基盤を持っています。そこからもう少しうがった見方をすれば、「おはかまいり」の話は、「天皇制」を無意識のうちに肯定させるため、載せられているのではないかという推測も浮かんできま

(注10)　動物学の研究では、ゾウだけでなく、多くの哺乳類・鳥類が仲間の死を悲しむことが確認されている[66]。また、有名な霊長類研究者フランス・ドゥ・ヴァール氏は、適者生存の世界で「共感」が生じる必然性を強調している[81]。

(注11)　インドやチベットでも、ムスリムや漢民族などは墓を造る。日本では6世紀末に仏教を受容したが、土着の祖先崇拝の基層宗教の観念を払拭しなかったため[45、p123]、現在でも墓を設ける習俗が存続している。

(注12)　親鸞（1173～1262）は『改邪鈔《かいじゃしょう》』[49、51]によれば、自分の死体を「賀茂河にいれて魚にあたうべし」といったとされ、一遍（1239～1289）は『一遍聖絵』[28]によれば、自分の死体を「野にすててけだものにほどこすべし」といったとされる。そこには、墓を否定するだけでなく、この世に生きるすべてのものは一体だという思想がある。

す。[注13]「天皇制」の威信は、「天皇陵」とされる王墓、巨大な前方後円墳（写真参照）のイメージに大きく依存しているからです。[注14]

それはともあれ、人間の死生観は多様であり、また多様であるべきだと思います。『私たちの道徳』は、この「おはかまいり」の話だけではありませんが、日本をふくむ人類の歴史・文化を恣意《しい》的に矮小化しています。

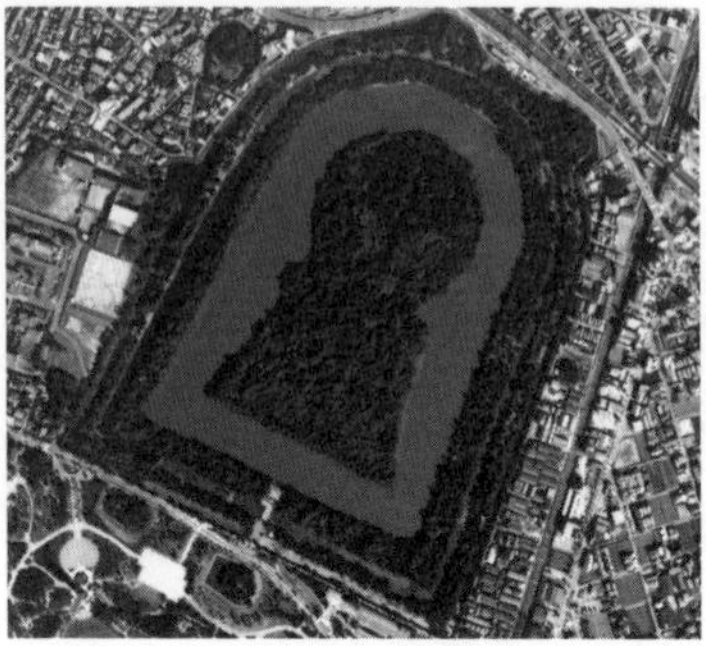

大山古墳（現仁徳天皇陵）のステレオ空中写真

5 やくそくやきまりをまもって（p118～121）

国連憲章や憲法も「きまり」

「やくそくやきまりをまもって」という節では、学校や町にどんなきまりがあるの

（注13）「天皇」とは、天照大神の孫の子孫（ニニギ）が九州に「天孫降臨」し、その子孫（カムヤマトイワレビコ）が大和を征服して初代「神武天皇」となり、その王家が前方後円墳時代をとおして断絶することなく律令国家の「天武天皇」（？～686）まで続いたことを、支配の根拠とする王のことである［23、40］。大日本帝国では、明治天皇の名で出された教育勅語（1890）によって、「一旦緩急アレハ義勇公ニ奉シ以テ天壌無窮ノ皇運ヲ扶翼スヘシ」、つまり日本人は戦争があれば神の子孫である天皇のために戦って死ぬべきだという教育が国民になされていた。『私たちの道徳』の思想的系譜は教育勅語までさかのぼることができる［15、42、63］。もちろん、すべての人間（現生人類＝ホモ・サピエンス）は20万年ほど前に東アフリカに出現し、10万年ほど前に「出《しゅつ》アフリカ」し、地球上に拡散した（日本列島には4万年ほど前にたどり着いた）「猿の子孫」であり［10］、「天皇」を「神の子孫」とする「天皇制」は虚構の観念に過ぎない。

（注14） 前方後円墳王権は弥生時代最終末期（3世紀前半）に、吉備や東海の勢力からなる連合王権として成立した［44、75、76］。以後6世紀末に至るまで、同時期最大の前方後円墳の被葬者は「倭王」だと推測できるが、それを「天皇」としているのは前方後円墳造営から10

か考えてみましょう、という問いかけがなされます。

「はじめに」で述べたように、「夢」「家族」「きまり」「国」が『私たちの道徳』の意図を理解する4つのキーワードですが、ここで「きまり」が現れました。そして『私たちの道徳』の「きまり」は多くの問題をはらんでいます。

第1の問題は、それが絶対的で疑問をはさむ余地のないものと考えられていることです。人間が共同体を営むとき、何らかのきまりを決め、成員がそれを守らなければならないのは当然のことです。しかし「きまり」は相対的なもので、おかしな「きまり」は変えていかねばならないはずですが、『私たちの道徳』にはそうした観点がありません。

第2の問題は、子どもたち（国民）が「きまり」を与えられ、それを守るだけの存在とされていることです。国民が主権者として「きまり」を作り、国に守らせる存在であることが説明されていません。主権在民を定めた日本国憲法に違反しているといわざるをえません。(注15)

第3の問題は、国連憲章や、国連やＩＬＯ（International Labor Organization、国際労働機関）の日本が批准している国際条約など、国として守らなければならない「きまり」が言及されていないことです。国際条約は国民の「きまり」にも深く関係しています。(注16) 国際的な「きまり」の存在に言及しないのは、国際社会で生きていかなければならない子どもの教育として、適正を欠いています。

0年後に書かれた『古事記』『日本書紀』の主張に過ぎない。私は『古事記』『日本書紀』が39代天皇とする天武天皇が実は最初の天皇であり、巨大前方後円墳の被葬者を「天皇」と考えるのは間違いだと考えている［76］。

（注15） 日本国憲法99条には「天皇又は摂政及び国務大臣、国会議員、裁判官その他の公務員は、この憲法を尊重し擁護する義務を負ふ」とあり［20］、憲法は権力者が守らなければならない「きまり」のはずだが、『私たちの道徳』がこの点に言及することはない。

（注16） ＩＬＯや国連、またそれらに関連する機関が定める国際人権基準は、2つの世界大戦の悲惨な経験から、平和や人権を守らなければ人類は破滅するという深刻な反省のもとに生まれた、人類史的意義を持つと私は考える［22、52、61、89、97、100］。

以上の3点から、『私たちの道徳』の「きまり」は、日本国憲法や国際人権論によって保障され、私たちが発展させていかなければならない「人権」を無視して語られていることが分かります。このことは本書でこれから、より詳しくみていくことになります。

6 家族のやくに立つことを（p138〜141）
「子どもの貧困」の無視

「家族のやくに立つこと」という節で、「あなたのことをいちばん大切に思ってくれている家族」のタイトルで、熱を出して寝込んだ子どもをお母さんやおばあさんが看病する話、「家族のためにできることはないかな」のタイトルで、子どもがお母さんの手伝いをしたとか、お父さんの肩を叩《たた》いてあげたという話が載っています。「家族」も『私たちの道徳』の意図を理解するキーワードの1つです。もちろん「家族」は子どもにとって大事な存在で、子どもたちと家族について考えることは重要な学校教育の課題です。しかし、現在の日本の「家族」は、さまざまな問題をかかえているのに、『私たちの道徳』が取り上げる「家族」はステレオタイプです。一家団欒《だんらん》の心温まる話が紹介されるばかりで、現実の「家族」に関わる問題が無視されています。

たとえば、雇用の非正規化の進行、各種社会保障の削減などによって、現在の日本で貧困が拡大しています。親世代の貧困は「子どもの貧困」となって、さらに深刻化しています。(注17) とりわけ、母子家庭、父子家庭、非正規の雇用では、子どもが病気になっても、おいそれと仕事を休むこともできません。親は勤務先の要請を優先せざるを得ず、十分に子どもの看病などができないケースも多いのです。

『私たちの道徳』のステレオタイプの家庭団欒賛美は、自分の家庭環境と比較して、何ともいえない気持ちになる子どもへの配慮を欠いた教材だと考えます。先生が「家族」の話にふれるときは、子どもたちにデリケートな心配りをしてほしいし、また家庭の状況はさまざまでも、人間は立派に成長できるのだということを、子どもたちに語りかけてほしいと思います。

「家族」というキーワードは、『私たちの道徳』の全体で繰り返し取り上げられ、多面的な問題をはらんでおり、この後も機会があるごとに議論します（第2章14、第3章25、第4章42）。

7 ふるさとに親しみをもって（p150〜151）

「ふるさと」の衝撃

「ふるさとに親しみをもって」という節に、学校、公園、図書館、びょういん、し

（注17）「子どもの貧困率」とは、所得が標準所得の半分以下の生活困窮家庭で暮らす子どもの割合である［48、p3］。2014年7月、2012年時点での「子どもの貧困率」は16・3％だったと厚生労働省が発表した。

ょうてんがい、あなたの家、……といった「ふるさと」の姿が描写されています。

「ふるさと」も『私たちの道徳』で繰り返されるテーマの1つで、「家族」と同様に無条件で賛美すべき存在とされています。そして小学校5・6年版になると、『私たちの道徳』のキーワード「国」と結合されます。(注18)

しかし『私たちの道徳』のように、「ふるさと」を無条件に懐かしがるだけの存在とすることには根本的な無理があります。人間の歴史はきれいごとでは済まないものなので、歴史の中にある「ふるさと」も一様には語れないはずだからです。

私は宮城県仙台市の生まれで、大学院までを仙台ですごしました。仙台は「わたしのふるさと」であり、私なりの愛郷心もあります。しかし、それは他人から強制されるべきものではないし、ましてや国から愛郷心を刷り込まれるいわれはありません。

仙台界隈では秋になると家族や知人たちとハイキングに出て、河川敷などで里芋と肉を煮て食べる「芋煮会」が盛んです。私も仙台と山形を結ぶ仙山《せんざん》線の面白山《おもしろやま》トンネルを山形県側に抜けた場所で、何回か芋煮会をおこなった記憶があります。

私にとって思い出の中にある面白山トンネルですが、大学生のとき、朴慶植《パクキョンシク》氏の『朝鮮人強制連行の記録』（未来社、1965年）の次に挙げる文章を読んで、この面白山トンネル工事の歴史を知り、衝撃を受けたことがあります。

―仙山線は一九三五年頃完成したが、ここでも同胞の犠牲者が多く出た。中―

(注18) 本書が「ふるさと」を『私たちの道徳』理解のキーワードとしなかったのは、それがもっぱら「家族」や「国」を礼賛する補助概念として使われており、「ふるさと」という観念は、「家族」と「国」とに問題が還元されると考えたからだ。

氏は全体の犠牲者を知ってはいなかったが、自分の飯場で死んだ同胞の名をたちどころに三〜四名あげてくれた。ここには「枕木《まくらぎ》一本に朝鮮人一人」という言葉が残っているくらいで、多くの死亡者が出ていることはまちがいない。現在この線の山形県境にある面白山トンネル（汽車の通過時間約四分）の両側には、犠牲者の慰霊碑が建てられている。トンネルを掘るときにはにない柱が節約されるかわりに同胞が犠牲になった。面白山という名前はどこから出たか知らないが、われわれにとってみればまさに悲しみの山、憎しみの山である。〔67、p144〕

こうした事実を知らないで、仙台という「ふるさと」をただ懐かしがっているだけでは済まないことを痛感しました。先生が「ふるさと」を子どもたちと考えるとき、愛郷心のみを強調して、一面的な「ふるさと」を教えるのではなく、「ふるさと」の多面性に気づかせてほしいものです。

第2章

小学校3・4年テキストを読む

8 バスの運転手さんの話（p13）

●●● ＩＬＯ労働時間条約と日本

小学校3・4年テキストになると、1・2年テキストでは目立たなかった『私たちの道徳』の意図が次第に現れてきます。何が書いてあるかだけでなく、何が書かれていないかにも注目する必要があります。書かれていないことの中に、『私たちの道徳』が否定したいことが、よくあるからです。

「自分を高めて」という章の「よく考えて節度ある生活を」の節には、次のような「バスの運転手さんの話」が載っています（写真参照）。

バスの運転手さんに、安全運転のひけつを聞いてみました。

運転手さんは、毎日しっかりとねむり、三度の食事をきちんととって、健康な体づくりを心がけているそうです。

また、きそく正しい生活をすることは、決まった時こくどおりにバスを運行することにも大いに役立っていると言っていました。

このように健康に気をつけている運転手さんもいるでしょう。こうした個人的な努力には敬意を表します。しかし現実の社会での「バスの安全運転」の主要な問題は、バスの運転手さんの自己管理の有無ではないはずです。

バスの運転手さんに、安《あん》全《ぜん》運転のひけつを聞いてみました。

運転手さんは、毎日しっかりとねむり、三《さん》度《ど》の食《しょく》事《じ》をきちんととって、健《けん》康《こう》な体づくりを心がけているそうです。

また、きそく正しい生活をすることは、決《き》まった時こくどおりにバスを運行することにも大いに役《やく》立《だ》っていると言っていました。

小学校3・4年テキスト「バスの運転手さんの話」部分

「家庭」のところでもふれましたが（第1章6参照）、『私たちの道徳』が国民に何を教えたいのか、その意図を考えるには、それが取り上げる「のどかな話」と、ふれようとしない現実を対比する視点が重要です。

現実の「バスの重大事故」は何が原因で起こっているのでしょうか。国の規制緩和政策によってバス会社間の競争が激しくなり、過密運行スケジュールの放任、一人運転運行シフト、運転手の低賃金、臨時雇いの運転手の採用など、バス業界の労働条件の悪化がもたらされ、そのしわ寄せが運転手個人にのし掛かっているのが主要な原因ではないでしょうか。

２０１６年1月15日にも、乗員2名、乗客の大学生13名が死亡する痛ましいバス事故が起こりました。長野県軽井沢町で「激安」スキーツアーのバスが転落したのです。「毎日、運転手たちは違法な超過勤務状態だった」「運行指示書などの『書類』と、運転手の『勤務実態』がまるで違う」（バス会社の事務担当者）と、バスの運行時間に対して、運転手が極端に少ないため過酷な業務事態になっていたことが報道されました。(注19)

運送業の労働条件について、ＩＬＯは第１５３号条約「路面運送における労働時間及び休息」で、バスの運転手など路面運送労働者の労働条件を次のように定めています。

—　貨客の路面運送に携わる運転手の運転時間は、時間外労働を含め1日につ　—

（注19）　２０１２年４月にも、関越自動車道上り線で都市間ツアーバスが防音壁に激突し、乗員７人が死亡、乗客乗員39人が重軽傷を負う事故が起こった。運転手の居眠りが原因で、規制緩和による激安競争で勤務条件が過酷になったことが背景にあり、この事故の結果、高速ツアーバスが廃止された。

き9時間、1週につき48時間を超えないものとし、休息時間は、24時間中に少なくとも連続した10時間なければならない。運転手は、休息なしに4時間を超えて連続運転することを許されてはならない。［（153号概要、ILO日本事務所のホームページより］

こういった基準が守られていれば、バス乗務員の過密労働、過労が原因の事故は大幅に減るのではないでしょうか。

日本はILO153号条約を批准していないばかりではなく、ILOの全189の条約のうち、労働時間制限や休暇休息に関わる18の条約を、ILOが創立された1919年に採択された第1号条約「工業労働の1日8時間制限」を含め、ただの1つも批准していません［22、p14～16］。

こうして見ると、「バスの運転手さんの話」を、見習うべききりっぱな人がいるという「のどかな話」で済ますことはできません。運転手さんの労働の実態にまったくふれずに、安全運転のひけつを「自己管理の有無」「運転手の心構え」に帰してしまうのは、ILOの労働時間にかかわる条約すべてを未批准にしている、日本の支配層の意思が道徳教材に現れたものだといえるからです。(注20)

(注20) 労働基準法32条では「労働時間は1日8時間、週40時間」が原則とされているが［20］、これはあくまで「原則」で、同じ労働基準法36条には、労使協定を交わせば（いわゆるサブロク協定）この原則を無効化できるとされている［20、80］。こういった日本の「労働政策」にとってILOの労働時間にかかわる条約は邪魔で、それゆえに批准が見送られている。

9　やろうと決めたことは最後まで（p22～29）

本格的な競争原理の刷り込み開始

「やろうと決めたことは最後まで」という節では、２０１１年・女子ワールドカップで優勝した日本チームのエース澤《さわ》穂《ほ》希《まれ》さんの「夢は見るものではなく、かなえるもの」というコメントや、２０００年シドニー・オリンピック金メダルのマラソン選手・高橋尚子さんを紹介した「きっとできる」という文章で、「夢」を抱くことが奨励されています。

「夢」も『私たちの道徳』理解のキーワードの1つで、これ以後も、繰り返し「夢」を持つ大切さが強調されます。また「理想」や「情熱」が「夢」の同類語として繰り返し登場します。

人が「夢」や「理想」や「情熱」を持つことは、もちろん否定されるべきことではありません。しかし、それは国家から強制されるべきことではありません。しかも『私たちの道徳』における「夢」や「理想」や「情熱」の賛美は、現実からかけ離れた、かなり無理な形でおこなわれています。

ある種目で世界の頂点を目指しているアスリートやチームは、世界中に千の単位で存在するはずです。しかし、実際に世界の頂点に立てるのは1人あるいは1チームだけで、その他の圧倒的多数は、「夢」「理想」「情熱」を持ち続けたとしても、「敗者」にならざるをえないのです。この「絶対の真実」を『私たちの道徳』は語ろうとしません。

競争のない社会は存在しないでしょうし、望ましいとも思いません。しかし、「夢をもちつづけたから実現した」「きみにもできるはずだ」というメッセージによる競争の過剰な強制は、病的です。

学力テストの結果公開の問題を考えてみましょう。100の学校で競争をおこなえば1位から100位まで順位がつくことは当然のことで、だれかが100位や99位に甘んじなければなりません。それにもかかわらず、成績順位を公開することで優位者を顕彰することは、少数の優位者に歪《ゆが》んだ「勝ち組」意識を与える一方で、多数の劣位者の尊厳を貶《おとし》め、自己肯定感を奪います。そして競争させられることに疑問を持たない、あるいは疑問をいえない、権力や企業にとって都合のよい人間が造られます。現在の日本社会のさまざまな分野で競争が強制されている主目的が、実はこのことにあると私は考えています。

残念ながら、現在の競争原理に基づく日本社会では、多くの子どもが成長の過程で、あるいは社会に出てからも、「お前はだめな奴だ」「待遇が悪いのはお前の能力が劣るからだ」「不満をいわずにもっと努力しろ」という継続的な脅迫《きょうはく》に遭遇《そうぐう》します。例外的なアスリートの「きっとできる」という成功事例のみを小学校の道徳授業で教え込まれた子どもたちは、夢を叶えられないという現実に直面するとき、努力しない自分が悪いという論理を、自己肯定感の喪失とともに容易に受け入れてしまうでしょう。

「100人で競争して1番になるため」の競争原理を教えるのではなく、「100人がそれぞれ自信をもって生きていくため」の世界観・社会観・人生観を子どもたちと考えていく必要があります。

10　あなたの勇気をさがしてみましょう（p32）

語られない他国の古典

「正しいことは勇気をもって」というこの節では、「あなたの勇気をさがしてみましょう」として、「義を見てせざるは勇なきなり」という格言が引かれており、「人として行うことが正しいと知りながらしないことは、勇気がないのと同じことである」と注釈されています。

国家によって強制されるいわれのないことを別にすれば、「義を見てせざるは勇なきなり」という格言は、私自身これまでの人生において自分を奮い立たせるために、何度か思い起こした名言です。しかし、「過剰同調体質」の悪癖を持つ日本人にとっては、もっとも無縁な格言のようにも感じられます。(注21)「きまり」や「家族」

（注21）　真珠湾攻撃（1941年12月8日）の10カ月前、アメリカと戦えば負けるという建白書「新軍備計画論」を海軍大臣に提出した「最後の海軍大将」井上成美《しげよし》（1889〜1975）を描いた評伝で、著者の阿川弘之は「やがて苦しかった日々が遠ざかり、何でも言える世の中が来て、『新軍備計画論』、あれは格別目新しい意見ではない。私らだって同じことを考えていたんだ」と主張する人が少なからずあらわれた。だが、「考えていた」のと、職を賭し生命の危険を承知の上で意見書を書いたのは別であった」と書いている［4、p28］。井上は、日中戦争における重慶への無差別爆撃に対し戦争責任もある人物だ［83］。しかし、責任ある地位にある人間が言うべきことを言わず保身に走り、あまつさえ自分の卑怯な行為を何かと理屈をつけて美化する日本社会の中では、井上のような硬骨漢は少なく、その気骨は評価されるべきだ。個人的責任感の欠如、責任放棄の見苦しい言い訳、こういった日本人エリートの体質は今でも変わっていない。

で「個人」を押さえつけようとする『私たちの道徳』に、この格言を引用する資格があるのかという疑問も生じます。

こうした疑問とは別に、ここで問題にしたいのは『私たちの道徳』の偏狭な文化認識です。『私たちの道徳』の問題点の1つは、日本の文化が他国の文明の影響のもとに成立していることに一切言及しないことです。「日本はすばらしい」「日本は独自だ」といった自画自賛に終始して、日本文化の成立の過程にふれないことです。

この節の格言の引用に関しても、『私たちの道徳』編さん者の故意か、別の理由のためか分かりませんが、「義を見てせざるは勇なきなり」の典拠が中国の古典『論語』[33、p49]にあることが紹介されていません『論語』には「学習」という言葉の典拠となった「学びて時にこれを習う、また説《よろこ》ばしからずや」[33、p19]という格言もあります。

先生は、こういった格言なども子どもたちに紹介し、日本の文化が中国など他国の文化から圧倒的な恩恵を受けていることを教えてほしいものです(注22)。

11 外国の文学作品から（p65）

同性愛者の人権と法律の歴史的相対性

「相手を思いやり親切に」という節では、「外国の文学作品から」として、英国の

（注22） 日本では『論語』に関する長い研究史があり、荻生《おぎゅう》徂徠《そらい》（1666～1728）の『論語』研究などは中国に逆輸入され中国の学者を驚かせている[34]。『私たちの道徳』の偏狭な日本崇拝はそういった豊かな文化交流を語らず、逆に日本文化の高さを辱めている。

作家オスカー・ワイルド（1854〜1900）の「幸福の王子」のあらすじが紹介され、「この話の最後がどうなったのかを、図書室などの本で読んでみましょう」と結ばれています。

『私たちの道徳』の編さん者は、偏狭なナショナリズムといわれることには気を使っているようで、『私たちの道徳』の意図にそぐわないことは避けつつも、いろいろな国の出来事、さまざまな人物を取り上げています。そういった教材選択が『私たちの道徳』が狭い世界観からはみ出る事実につながっていることも、しばしば生じます。先生が編さん者の意図にからめ取られないためには、記載されている教材に関連するさまざまなトリビア（雑学）を知っておくことが有効だと考えます。

たとえば、「幸福の王子」の作者オスカー・ワイルドが、同性愛によって投獄され、釈放後ほどなく失意のうちに死んだ事実［30］などは、同性愛者の人権や法律の歴史的相対性を考えるきっかけになります。

先生がこのテーマにふれるときは、「人間の中には性愛の対象を同性に求める人もいる」「かつて同性愛を法にふれるとしていた国がたくさんあり、今も違法とする国がある」「イギリスも今では罪にならないが、少し前までは罰せられた。ワイルドや有名な数学者のチューリング(注23)などがその犠牲者だった」「アメリカの最高裁は2015年6月26日に、同性婚全面解禁という歴史的判決を下した」といった話をすれば、同性愛者の人権や、法律が時代によって変わるものであることを、子どもた

オスカー・ワイルド（1854〜1900）

（注23） アラン・チューリング（1912〜1954）は、「計算可能性」を視覚的に定義した「チューリング・マシン」の概念などで有名だが、第2次世界大戦中にナチス・ドイツのエニグマ暗号を解読し、イギリスを対独戦勝利に導いた大功労者でもあった。しかし、同性愛者だったため当時の法律によって逮捕され（1952）、収監か女性ホルモン注射による治療の選択を迫られ、後者を選択して、2年後に死亡した。2009年、ブラウン英国首相（当時）は、その時代の法律によってチューリングに対してなされた不当な仕打ちに対し、正式に謝罪した［77］。

ちに考えさせることができると思います。なお、同性愛者の人権については、後に（第4章32）より詳しく議論します。

12 友達づくりのひけつを漢字から学ぼう（p71）

語られない他文化の影響

「友達とたがいに理解し合って」というこの節では、「友達づくりのひけつを漢字から学ぼう」というタイトルのもとに、「助」という字を、漢字辞典で調べてみましょう」とか、「友」という字を調べてみると、「たがいにかばい合うように曲げた右手と左手を組み合わせてできた文」といったことが述べられています。

先に「義を見てせざるは勇なきなり」の箇所でもふれましたが、『私たちの道徳』の一大特徴は、他国の文化から日本の文化が受けた影響を語らないことです。日本の文化はすべて日本独自に形成されたことにしたいようですが、もちろんそれは歴史の事実に反します。たとえば、漢字は中国で成立し、日本文化はその導入によって発展することができました。

『私たちの道徳』の「道徳」も中国の古典からとった言葉です。[注24] また、芭蕉（1644～1694）の『おくの細道』なども、中国の古典を踏まえなければよく分からない文章がたくさんあります。[注25] 中国文化だけではありません。仏教がインドから

（注24）『礼記《らいき》』に「道徳仁義は礼にあらざれば成らず」とある［57、p129］。

（注25） 平泉での「国破れて山河あり、城春にして草青みたり」という文章は唐代の大詩人・杜甫《とほ》（712～770）の「国破山河在」という詩句、象潟《きさがた》での「雨も又奇也」という文章は宋代の大詩人・蘇軾《そしょく》（1036～1101）の「山《さん》色《しょく》空濛《くうもう》雨又奇」という詩句を踏まえている［69］。

中国・朝鮮経由で伝来したとき、阿修羅《あしゅら》　瓦《かわら》　三昧《ざんまい》　刹那《せつな》　旦那《だんな》　南無阿弥陀仏《なむあみだぶつ》　奈落《ならく》　涅槃《ねはん》　般若《はんにゃ》　夜叉《やしゃ》　羅刹《らせつ》といった多くのサンスクリット語が、日本語に編入されました［49］。

世界中の文明・文化は見た目以上に相互の影響のもとに成立・発達してきました。たとえば、現在の人類が共有している数学にしても、ヨーロッパのみならず中国、インド、アラビアなど世界の文明の交流のもとに産み出されたものです［75］。人類のすべての文明が他文明の影響を受けていますが、世界の大文明から離れ辺境の地にあった日本は、その傾向が一層顕著です。稲作を大陸から学び、金属器を朝鮮半島から学び、文字を中国から学び、仏教を中国・朝鮮経由でインドから学び、近世になってからは自然科学を（ついでに帝国主義も）ヨーロッパから学び、戦後は民主主義をアメリカのニューディーラーたちから学んで今日の日本があります。しかし、このような他の文明からの恩恵について『私たちの道徳』は言及しようとしません。

日本の文化は、他の文明・文化からの影響を認めてしまうと、その独自性が誇れないほど卑小なものだとは私には思えません。他文化からの影響を語らない『私たちの道徳』は、真の日本を理解しない無教養な日本人を大量に産み出し、日本の文化を逆に貶《おとし》めていると私は思います。

13 働くことの大切さを知って（p130〜131）

語られない労働者の権利

「働くことの大切さを知って」という節の冒頭に、看護師の「かん者さんが元気になると、わたしたちも元気をもらえます」とか、消防士の「人々や町の安全を守る仕事は、せきにんもあるし、やりがいもあります」とか、教師の「子どもたちの日々の成長が、わたしの喜びです」……といった話が、写真とともに並べられています。

もちろん労働者が自分の労働の社会的意義を自覚し、そこに働く喜びを覚えるのは望ましいことですし、子どもたちに働くことの意義、職業の実際を教えることは重要な教育的課題です。しかし、前にも指摘したことですが、『私たちの道徳』の問題性を読み解くには、そこに書かれてあることの妥当性だけではなく、「そこに書かれるべきなのに書かれていないこと」を見つけ、「それが書かれていない理由」を考えることが必要です。

たとえば、『私たちの道徳』で労働が取り上げられているすべての箇所に共通しますが、日本国憲法（第28条）の規定している労働基本権（団結権、団体交渉権、団体行動権）など「労働者の権利」がまったく取り上げられていません。『私たちの道徳』は、「労働者の権利」について考えないように、子どもの段階で教え込もうとしているとしか思えないのです。

14 家族みんなで協力し合って（p136～141）

家族という病

「家族みんなで協力し合って」というこの節では、「わたしの成長を温かく見守り続けてくれる人……家族」「大切な家族」「家族への思い」と続き、子どもが感想を書き込むページで結ばれています。

「家族」「家族」のオンパレードですが、小学校テキストのところで述べたように、その内容は家族団欒を賛美するだけのステレオタイプな話に終始しています。両親がそろっていない家庭も、貧困な家庭も描かれていません。また中流以上の家庭といえども家族間の関係は一様ではなく、『私たちの道徳』の描く「家族」は日本の現実から明らかにかけ離れています。

元NHKアナウンサーでエッセイストの下重暁子《しもじゅうあきこ》さんが書いた『家族という病』［47］が50万部を超えるベストセラーになっています。この本が多くの国民に読まれ、共感を呼んでいる背景には、日本の「家族」が抱える問題の深刻さがあるからでしょう。

下重暁子著『家族という病』

下重さんはこの本の中で、お父さんとの葛藤やお母さんとのすれ違いを告白しています。そして『私たちの道徳』の対極にある次のような家族論を述べています。

私は家族という単位が苦手なのだ。個としてとらえて考えを進めたい。〔47、p12〕

家族団欒という幻想ではなく、一人ひとりの個人をとり戻すことが、ほんとうの家族を知る近道ではないのか。〔47、p17〕

親の権威や大人の価値観に支配されたまま、言いなりになっていることは、人としての成長のない証拠である。

仲の良い家庭よりも、仲の悪い家庭の方が偽りがない。正直に向き合えば、いやでも親子は対立せざるを得ない。

どちらを選ぶかと聞かれれば、私は見栄でつくろった家族よりも、バラバラで仲の悪い家族を選ぶだろう。〔47、p36〕

下重さんのお父さんは、陸軍幼年学校、陸軍士官学校を出た陸軍のエリート将校だったそうです。敗戦によって一旦は戦争や軍隊を忌避《きひ》しましたが、その後日本が右傾化するにつれ元の思想に戻られ、それがリベラルな価値観を持った下重さんには許せなかったようで、（それ対する心の痛みも下重さんは書かれていますが）臨終の際のお父さんの元にも駆けつけなかったそうです。家族の関係とは複雑なもので、国家があれこれ口を出すべきことではないと考えます。

15 ふるさとを愛した歌人・石川啄木（p162）

社会の矛盾を詠んだ啄木

「きょう土を愛する心をもって」という節に、石川啄木（1886〜1912）の「ふるさとの　山に向かひて　言ふことなし　ふるさとの山は　ありがたきかな」といった「ふるさと」を詠んだ短歌三首が引用されています。

4冊の『私たちの道徳』にはいずれも巻末近くに、「ふるさと」「きょう土」「国」を愛しましょうという話が載っています。(注26) 「ふるさと」や「国」の欠点を見つめられる「理性」も人間には必要なはずですが、「ふるさと」や「国」が抱える問題点を考える視点は『私たちの道徳』には皆無です。『私たちの道徳』の過剰な「ふるさと」礼賛は病的なものです。

この節で取り上げられている啄木にしても、「ふるさと」を歌い上げるだけの歌人だったら、その短歌が今日まで愛誦され続けたはずはありません。彼が社会の矛盾の中に生きた歌人であり、それが啄木文学の根底にあることは、『私たちの道徳』ではふれられていません。

啄木はふるさとを追われた人間であり、きれいごとでは済まない人生を送らねばなりませんでした。たとえば、詩人土井晩翠《ばんすい》（1871〜1952）の夫人から寸

(注26)　2006年に「改正」された教育基本法第2条（教育の目的）第5項には「伝統と文化を尊重し、それらをはぐくんできた我が国と郷土を愛するとともに、他国を尊重し、国際社会の平和と発展に寄与する態度を養うこと」とあり、「伝統と文化」「我が国と郷土」を無条件に「尊重」「敬愛」すべきものとされており、これが『私たちの道徳』の法的基礎になっている。

借詐欺をしています［1、p24］。また啄木は、次のような歌も詠んでいます。

はたらけど　はたらけど猶《なほ》　わが生活《くらし》　楽にならざり　ぢっと手を見る［37、p43］

地図の上　朝鮮国に　くろぐろと　墨《すみ》を塗りつつ　秋風を聴く［37、p321］

前の歌は現在のネオリベラリズムが横行する社会［24］における多くの若者の実感でしょうし、なぜ100年前と同じ状況が今の日本に出現しているのかを考えさせる題材になるでしょう。また、後の歌は韓国併合（1910）を詠んだものであり、日本の過去の植民地支配について考えさせる契機になるでしょう［92、93］。このテーマにふれるときは、啄木のこういった歌も子どもたちに紹介してほしいものです。

16　伝とうと文化を大切に（p164〜165）

「和食」って何？

「伝とうと文化を大切に」という節では、「わたしたちの国には、昔から受けつがれてきた伝とうと文化があります」とされ、和服・和食・和室の写真が掲げられています。和食の写真には「日本人が昔から食べてきたものです。自然のめぐみを素

石川啄木（1886〜1912）

石川啄木著『一握の砂』

材にして調理しています」という解説が添えられています。

『私たちの道徳』が「日本の文化」を「日本だけの文化」とする偏狭な叙述に終始していることを前にも紹介しました（第2章10、12）。しかし「日本の文化」は、外部からさまざまな要素が重層的に移入され、内部においても多様な勢力が歴史的に形成したもので、他文化との境界もあいまいなものでしかありません。「日本だけの日本」は幻想であり、その幻想を維持するために『私たちの道徳』はさまざまな無理を重ねています。

ここでの「和食」もその例外ではありません。「和食」の写真には、ご飯、味噌汁、ホウレンソウと思われるお浸《ひた》し、鮭と思われる焼き魚、卵焼きと梅干、肉じゃがに見える煮物が写っています（写真参照）。たしかに和食のレシピ本では「肉じゃが」を代表的な和食としています。

「肉じゃが」が和食でいっこうにかまわないのですが、一般の日本人が牛肉や豚肉を食べ始めたのは明治以降ですし、ジャガイモはよく知られているように南米原産で、スペイン人によるインカ帝国征服（1532）以後、スペイン人によって持ち出されヨーロッパ大陸に広まった後、江戸時代に日本にもたらされたものです（注27）。「和食」を「日本人が昔から食べてきたもの」とするのは乱暴すぎる規定です。

現在「和食」とされているものの多くが、歴史のある段階で日本に伝わったものであり、現在でも日本人の食生活は刻々と変わっています（注28）。料理研究家の阿古真理

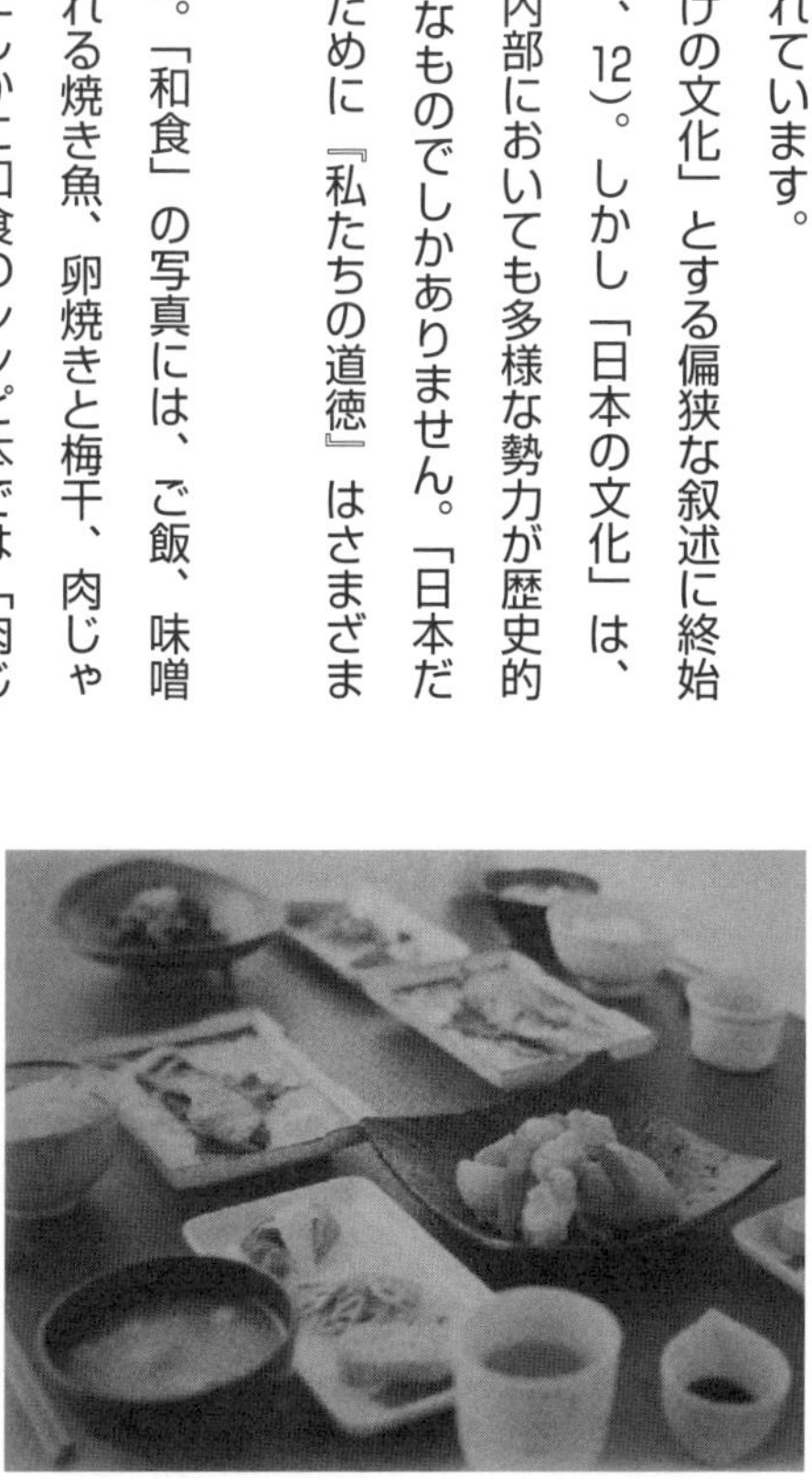

『私たちの道徳』小学校3・4年テキストに載せられた「和食」の写真

（注27）「ジャガイモ」という言葉自体「ジャガタライモ」の略称で、オランダの東インド会社があったジャガタラ（現在のジャカルタ）経由で日本に入ってきたことを示唆する［94、p124〜125］。

（注28）「てんぷら」が室町時代末期に西洋からもたらされたことはよく知られているし、「握りずし」は江戸時代に誕生した［5、p27］。「米」は縄文時代の日本列島にはなかったし、米食が一般人に定着したのは明治以後である。

さんは著書『「和食」って何?』の中で、

――世界を見渡してみると、どこの国でも料理は異文化と接触した結果、発展してきたことが分かります。和食も同じ。[5、p12]――

と、極めてあたりまえのことを書いています。そのあたりまえのことを、なぜ『私たちの道徳』は教えないのでしょうか。こうした日本の文化が形成した過程を子どもたちに考えさせないのは、教育上のサボタージュといわざるをえないでしょう。

第3章

小学校5・6年テキストを読む

17 「誠実である」ということ（p39）

●●●吉田松陰のアジア侵略思想

小学校5・6年テキストになると、『私たちの道徳』の意図がより明らかになってきます。

「自分をみがいて」という章の「誠実に明るい心で」という節に、「『誠実である』ということ」というキャプションで、吉田松陰（1830〜1859）の「至《し》誠《せい》にして動かざる者はいまだこれ有らざるなり」という言葉が引用され、「真心をもって対すれば、動かすことができないものはない」と注釈されています。

吉田松陰という人物が、その行動力、人間的魅力（特に教育者としての能力）、誠実さにおいて並外れた人間だったことを私は疑っていません。しかし、彼がどのような思想を持ち、それがその後の日本にどのような影響を与えたか、このことを知って松陰に正当な評価をする必要があります。

松陰がアメリカへの密航を企て、ペリー（1794〜1858）に渡航を拒否された事件により、国禁を犯したとして獄中にあったときに書いた『幽囚録《ゆうしゅうろく》』に、次のような国策が提示されています。

―　今急いで軍備をなし、そして軍艦や大砲がほぼ備われば、北海道を開墾し、―

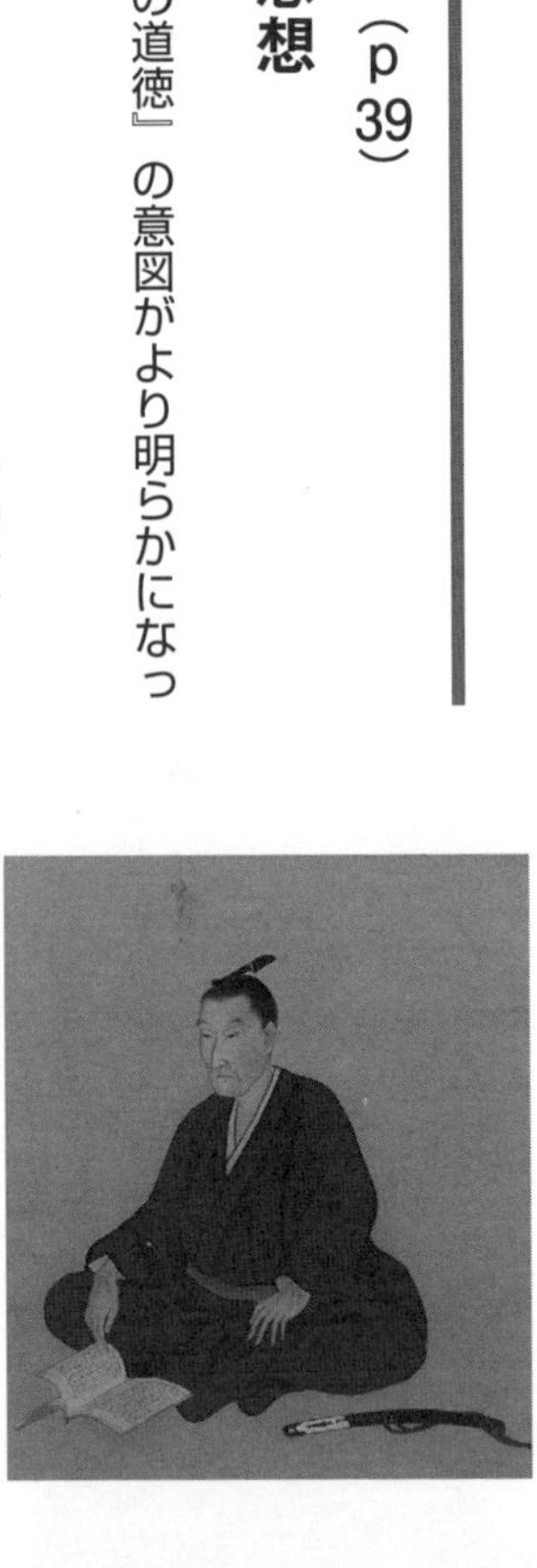

吉田松陰（1830〜1859）

松下村塾（江戸時代末期、現在の山口県萩市に存在した私塾）

諸藩主に土地を与えて統治させ、隙に乗じてカムチャッカ、オホーツクを奪い、琉球にもよく言い聞かせて日本の諸藩主と同じように幕府に参覲《さんきん》させるべきである。また朝鮮を攻め、古い昔のように日本に従わせ、北は満州から南は台湾・ルソンの諸島まで一手に収め、次第次第に進取の勢を示すべきである。[64、p159、奈良本辰也訳]

これは露骨なアジア侵略の思想です。(注29) そして明治維新（1868）を実現した伊藤博文（1841〜1909）など松陰の弟子たちとその後継者たちは、琉球処分、台湾の領土編入、韓国併合、満州建国など松陰の海外侵略思想を忠実に実行していきました。

『私たちの道徳』は、自民党憲法草案や育鵬社「歴史」教科書のように露骨な軍国主義・歴史修正主義を正面から打ち出してはいません。しかし、日本人の意識を軍国主義・歴史修正主義に慣らしておく仕掛けが至るところに見られます。その一例が、ここでの吉田松陰の紹介のしかたで、とりわけて問題のない発言を取り上げて、その人物を肯定的に印象づけようという意図がうかがえます。(注30)

松陰が個人として「誠実」だったとしても、彼のアジア侵略思想が「誠実」に実行されるとき、侵略される側にとってその「誠実」は災厄以外の何物でもなかったはずです。人間は「誠実」でありさえすれば、それでよいというものではありません。『私たちの道徳』が、アジア侵略思想を持っていた吉田松陰を「さりげなく」

(注29) 松陰は同様の考えを妹婿の久坂《くさか》玄瑞《げんずい》（1840〜1864）などへの手紙でも繰り返しており[38]、アジア侵略が松陰の根本思想だったことは疑いようもない。

(注30) 吉田松陰の妹・文を主人公にしたNHK大河ドラマ「花燃ゆ」（2015）も松陰を肯定的イメージで描いている。

紹介していることに無感覚であってはならないと思います。

なお、松陰が『幽囚録』で朝鮮を「古い昔のように日本に従わせ」と書いているのは、彼が『日本書紀』の「神功《じんぐう》皇后三韓征伐」の神話（『古事記』は二韓）を疑っていないことを示しています。(注31) 朝鮮が日本に服属していたという「神功皇后」神話は、明治以降、日本が朝鮮半島を植民地支配するにあたって、国民の良心をマヒさせるうえで無視できない働きをしました。(注32)

『私たちの道徳』は神話の復活まで踏み込んではいませんが、神話を克服したところからしか人権教育は始まらないことも注意しておきたいと思います。(注33)

18 好奇心が出発点（p42）

●●●「懐疑」なき「好奇心」

「進んで新しいものを求めて」という節の冒頭に、「好奇心が出発点」という言葉が掲げられ、「空を飛ぶ鳥を見上げて『自分も空を飛べないか?』と考えた人がいる。――そこから始まったあくなき探究ができそうもないことを可能にした」といったことが紹介されています。

「新しいもの」を見出すために好奇心が必要なのは、そのとおりです。しかし「新しいもの」を見出す好奇心が働く前には、「古いもの」に対する懐疑、「常識・権

(注31)　「三韓」とは古代朝鮮にあった高句麗・百済・新羅の三国で、『古事記』『日本書紀』は、両書が書かれた時点で朝鮮半島全域を支配した統一新羅を、もともと日本に服属する国と位置づけ、その根拠として「神功皇后」による三韓征伐の神話を採用した。「神功皇后三韓征伐」神話は考古学的事実に反し、『古事記』『日本書紀』を編さんした王権の「願望の過去」に過ぎない［68、91］。

(注32)　人間が人間を差別・支配するとき、「自分は優れた集団に属し彼らは劣った集団に属す」という「道徳的正当化」を必要とする。そのため「神功皇后」神話が有効だった。拙稿「神功皇后「三韓征伐」神話と朝鮮の植民地化」季刊『古代史の海』第41号2005参照。なお欧米帝国主義は『ヘブライ語聖書』(旧約聖書)の「約束の地」神話を他国侵略の口実として利用した。

(注33)　イギリスの哲学者ジョン・ロック（1632～1704）の『統治二論』(1690）は人権思想の古典として有名だが、その前半は『ヘブライ語聖書』の家父長制神話を「中立化」することに紙幅《しふく》を費やされている［50］。『ヘブライ語聖書』の神話の史実性は、現在の考古学によって否定されている［2］。さらに現代の私たちはダーウィン（1809～1882）の進化論を知っており［10、99］、ロック的「中立化」は不要に

威」に対する疑問が先行し、大多数が認めている常識とか権威とかが、どうもおかしい、と思ったところから「新しいもの」を模索する思索・行動が始まるのではないでしょうか。(注34)

ところが、『私たちの道徳』では、常識とか権威への懐疑から出発する新しいものの発見・発明という視点、そうした事例を挙げることを避けています。「国・ふるさと・家族の絶対性」を前提にして、それを教えることを目的にする以上、常識や権威を疑う懐疑的精神は避けられているのは必然ともいえます。しかし、懐疑的精神を教えない、そんな教育がなされてよいのでしょうか。

19　新しいものを求めるということ（p44）

マリー・キュリーの放射線障害死

18と同じ節に、「新しいものを求めるということ」として、化学者マリー・キュリー（1867～1934）の「人のことをせんさくするのをやめて、もっとアイディアに好奇心を向けなさい」という言葉と、「不思議な物質の正体を知りたかった」として、

> マリー・キュリーは、ピッチブレンドというウランをふくんだ鉱物から、強い放射線を出す物質に興味をいだき、一体、この物質は何だろうと、夫と

なっている。現代の人権論は、ダーウィンの進化論を基礎に人類史の視点から展開されるべきだと私は考える。

(注34)　たとえば、ニュートン力学の時間・空間観を、マックスウェル電磁気学との不整合性から疑い、特殊相対性理論を見出したアインシュタイン（1879～1955）が想起される［3］。

共にその鉱物を何トンもくだいてはなべでにるという作業をくり返した。そうして取り出された〇・一グラムの物質はラジウムと名付けられる。
　ラジウムは当時、戦場で傷を負った兵士たちの治療に役立ち、今でもがんの治療などに使われている。

という囲み記事（写真参照）が掲げられています。
　この囲み記事は『私たちの道徳』の中でもその露骨《ろこつ》さに私が最も驚いた箇所の一つです。よく知られた話ですが、この「囲み記事」のもたらすイメージに反し、マリー・キュリーの最期は次のように悲惨なものだったからです。

　だが一方では、放射能を浴びすぎると健康を損ね、早期の死を招く可能性があることがつぎつぎに明らかになっても、それを無視し続けている。一九二五年一月にはラジウム研究所の元研究員が再生不良性貧血で亡くなった。放射能の害が一因となる血液の病気だ。またかつてマリーの個人助手をしていた化学者も、もう一つの血液の病気である白血病で命を落とした。……ラジウム研究所は入ってくる研究者にたいして、ひきつづき何の警告も発しなかった。……一九三二年はじめにマリーは研究所で足をすべらせ、体を支えようとして右手首を骨折してしまう。骨は予想どおりに治らないばかりか、さまざまな病状も悪化した。……マリーは一九二五年にかつての同僚の命を奪った血液の病気、再生不良性貧血にかかっていた。一九三四年七月四日、

人のことをせんさくするのをやめて、もっとアイディアに好奇心を向けなさい。
マリー・キュリー
（一八六七〜一九三四）
ポーランド出身の物理学者

不思議な物質の正体を知りたかった
　マリー・キュリーは、ピッチブレンドというウランをふくんだ鉱物から、強い放射線を出す物質に興味をいだき、一体、この物質は何だろうと、夫と共にその鉱物を何トンもくだいてはなべでにるという作業をくり返した。そうして取り出された〇・一グラムの物質はラジウムと名付けられる。
　ラジウムは当時、戦場で傷を負った兵士たちの治療に役立ち、今でもがんの治療などに使われている。

囲み記事

ピエール・キュリー（1859〜1906）、マリー・キュリー（1867〜1934）夫妻

―サナトリウムの院長はマリーの死を発表した。［27、p144～147］―

『私たちの道徳』は、マリー・キュリーの放射線障害による死や、その後放射能の危険性が認識され、（注35）たとえば、レントゲンを妊婦に当てることをしなくなったこと、今では外傷の治療にラジウムなど使わないことなどに、まったく言及しません。ここで引用した記事は、『私たちの道徳』が決してニュートラル（中立）なテキストではなく、原子力利権の影響下にあることを端的《たんてき》に示しています。

20　江戸しぐさに学ぼう（p58～59）

「江戸しぐさ」は現代人の偽作

「礼儀正しく真心をもって」という節で、傘をさした同士がすれちがうとき相手を濡らさないように互いの傘を傾ける「かさかしげ」をはじめ、「かた引き」「こぶしうかせ」「おつとめしぐさ」など、「江戸しぐさ」と呼ばれるエチケット・マナーが紹介されています。

この「江戸しぐさ」に関して、越川禮子《こしかわれいこ》氏などは、江戸時代から伝わったものとして数多くの関連本を書き、「NPO法人江戸しぐさ」を立ち上げてその普及活動をおこなっています。

しかし、原田実氏（注36）は『江戸しぐさの正体』という著書［73］で、「江戸しぐさ」

（注35）マリー・キュリーの死後もラジウムの危険性は、それを使用して利益を得る企業によって隠ぺいされた。20世紀前半のイリノイ州オタワでは、時計の文字盤にラジウムを夜光塗料として塗る作業がおこなわれ、従事した若い女性たち（ダイアル・ペインター）が、次々と放射線障害で死亡した。映画『ラジウム・シティ』（1987）は、放射性物質ラジウムを夜光塗料として商業利用した悲劇を描いている。現在ではラジウムを夜光塗料として用いることはできなくなっている［11］。

（注36）原田氏は「偽書」の研究者で多くの著作がある。

が実は芝三光《しばみつあきら》（本名：小林和雄、1928?～1999）という現代人による偽作であることを論証しました。

まず原田氏は「江戸しぐさ」が江戸時代の風習としてのリアリティがないことを指摘しています。たとえば、「かさかしげ」について原田氏は、

> 浮世絵の題材や歌舞伎の小道具に傘がよく使われること、時代劇などで浪人の内職としてよく傘張りが出て来ることから誤解しがちだが、江戸では差して使う和傘（唐傘）の普及は京や大阪に比べて遅れていたのだ。……したがって、江戸で傘を差したもの同士がすれ違うという状況が、特殊なしぐさを必要とするほど頻繁だったかどうかには疑問がある。
>
> また、傘かしげは相手も同じ動作をするという暗黙の了解によって成り立っている（そうでなければ、かしげた側が上からの雨と相手の傘からの雨を同時にかぶることになる）。それなら一方が立ち止まって道を譲るなり、傘をかしげるのではなくすぼめるなりしてぶつかるのを避けた方が賢明である。
>
> そして和傘はスプリングが入った洋傘に比べ、すぼめたまま手で固定するのが楽な構造になっているのだ。
>
> 江戸時代末の浮世絵師・歌川広重（一七九七～一八五八）が晩年に描いた錦絵『名所江戸百景』では、雨の中、蓑笠を着た人に混ざって和傘を差す人物も登場する。そこに描かれる彼らは、しばしば傘をすぼめるようにして持

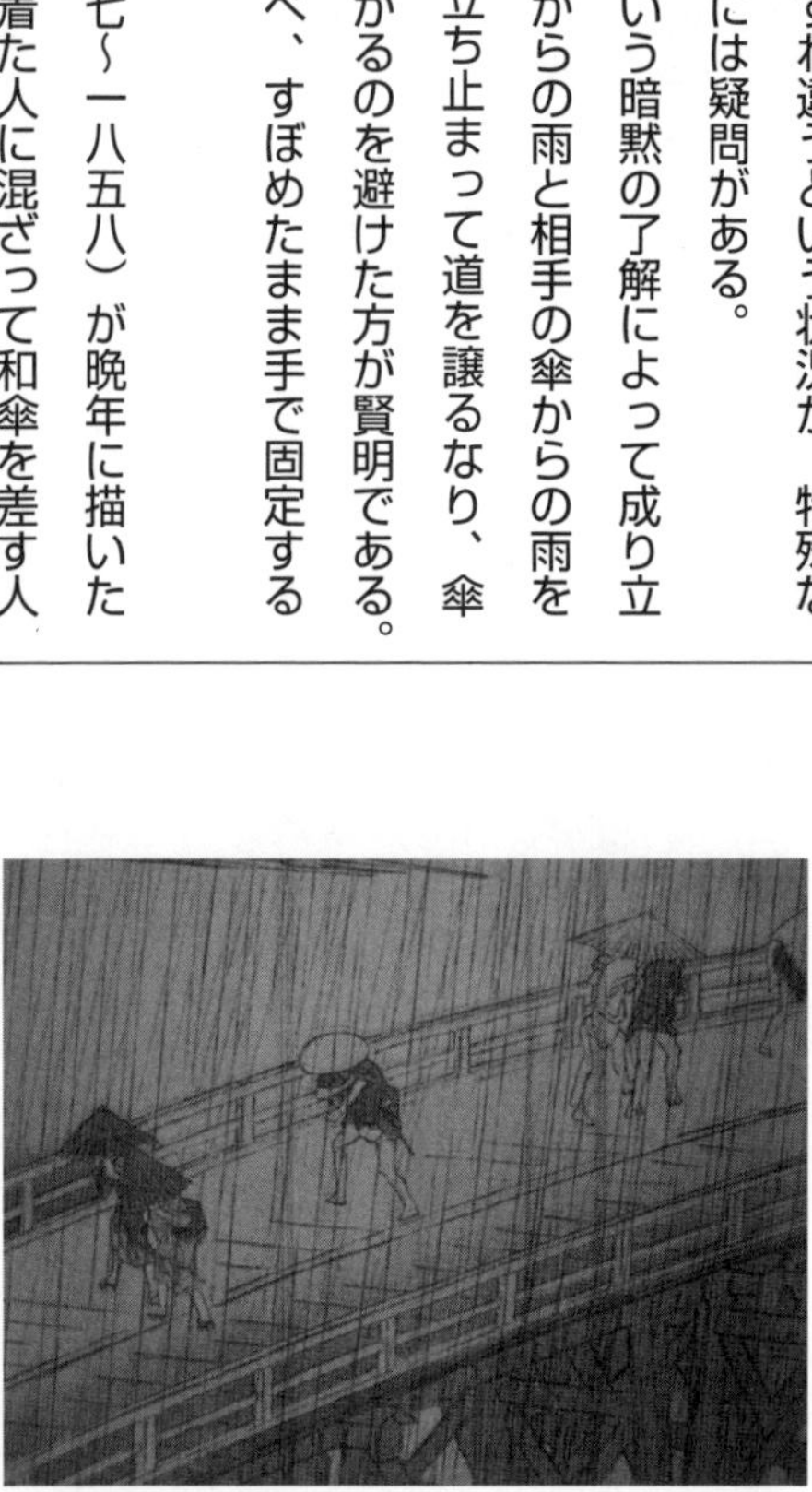

歌川広重（1797～1858）の「名所江戸百景」大橋あたりの夕立（部分）

> っている。
> 　つまり、雨の日に狭い路地で傘を差す人同士が出会っても、一方もしくは双方が傘をすぼめればいいだけで傾ける必要はない。［73、p41～43］

としています。

さらに原田氏は「江戸しぐさ」がまったく典拠を持っていないことを指摘します。1980年代に突然、「江戸しぐさ」があったということが言われるようになったのですが、1980年代に、それを記した古文献が発見されたわけではありません。なぜ明治維新以後「江戸しぐさ」なるものが忘れ去られていたのかという、越川氏の「説明」の荒唐無稽さを原田氏は、次のように批判しています。

> 　さて、「江戸しぐさ」は江戸の商人の間では広く共有された行動哲学だったという。しかし、最近までその内容があまり知られていなかったことも事実である。では、なぜ「江戸しぐさ」はつい最近まで忘れられていたのだろうか。
> 「NPO法人江戸しぐさ」の越川禮子氏によると、その原因は、幕末・明治期に薩長勢力が行った「江戸っ子狩り」に求められる。
>
> > 　江戸っ子を一部の官軍は目の色を変えて追い回した。〝江戸っ子狩り〟は嵐のように吹き荒れた。摘発の目安は〝江戸しぐさ〟。ことに女、子供が狙われた。私たちの眼にはふれないが、ベトナムのソンミ村、アメ

リカネイティブのウーンデッドニーの殺戮にも匹敵するほどの血が流れたという話もあながち嘘ではないかもしれない。それらは、史実の記録はおろか、小説にも書かれていないが…（越川禮子『商人道「江戸しぐさ」の知恵袋』１５７～１５８ページ）。

この「江戸っ子狩り」の魔手を逃れるため、多くの江戸っ子が地方に逃れて隠れ江戸っ子になったという。その江戸っ子脱出を手引きしたのは幕臣の勝海舟で、両国から船を出して武蔵や上総に何万という人を送った。……

［73、p24～25］

原田氏がここに引用した越川氏の主張(注37)は読むのも恥ずかしいものです。同時代の史料に整合しませんし（たとえば［56］）、そもそも戊辰戦争（１８６８～１８６９）で奥羽列藩同盟や幕府残存勢力と戦わなければならなかった薩長勢力が、なぜ丸腰の江戸の庶民をジェノサイドしなければならなかったのか理解不能です。「江戸っ子ジェノサイド」説の典拠となる文献もなく、越川氏の「江戸しぐさ」はカルト的妄想の産物としかいえないものです。

カルト的妄想を持つ人はどの国、どの時代にも存在します。問題はそれが、文部科学省の道徳の教材として掲載されるという、今日の日本のあまりにも情けない現実です。原田氏は、

――既に、「ＮＰＯ法人江戸しぐさ」やＴＯＳＳ（半沢注、Teacher's Or-――

（注37）ここでの引用文は、記号、段落、ルビの有無などの違いはあるが、文言は原本［41］と一致している。

> ganization of Skill Sharing、教育技術法則化運動）の宣伝活動のもと、安倍首相─下村文科相のラインで「江戸しぐさ」が義務教育の現場に瀰漫《びまん》していることを述べた。
>
> 　事態は非常に深刻である。既に歴史教育は敗北したと言っていいだろう。そして、歴史学の側から、この状況に対して有効な批判はまったく行われていない。［73、p192］
>
> 　あたかも歴史的事実であるかのように教材に浸透する「江戸しぐさ」。歴史教育との整合性について、下村大臣、そして安倍首相はどう考えているのだろうか。［73、p192ページ注］

と慨嘆しています。

「江戸しぐさ」のエチケットそのものは毒にも薬にもならないものかもしれません。しかし、「江戸しぐさ」を歴史的事実として疑問をいだかない歴史感覚の荒廃は、歴史修正主義の温床だともいえるでしょう。

　私の知るかぎり、原田氏は政治的には保守的な人です。そういう人が政府の見識の劣化に警鐘を鳴らしていることの重みを考えなければなりません。原田氏の指摘が契機となって、週刊誌（写真参照）、新聞、テレビなどで「江戸しぐさ」が偽作であることが報道されるようになったのは喜ばしい傾向です。（注38）

「江戸しぐさ」偽作を報じた『週刊Friday』（2015年1月30日号）

（注38） 育鵬社「公民」教科書の、2015年4月に文科省への申請で提出された本には「江戸しぐさ」が掲載されていたのにもかかわらず、同年の展示会閲覧用の見本本では削除されていたのも、その影響と思われる。

21 銀のしょく台（p82〜83）

現代日本の貧困と犯罪

「けんきょに、広い心をもって」という節に、「寄りそうこと、分かりあうことから」「どうすればもっと広い心がもてるのだろう」と問いかけがあり、「銀のしょく台」というタイトルで、ヴィクトル・ユーゴー（1802〜1885）の『ああ無情（レ・ミゼラブル）』の有名な一場面が紹介されています。飢えている姉とその子どもたちのために一切れのパンを盗み、19年間も投獄されたジャン・バルジャンが、出獄後に泊めてもらった教会から銀の食器を盗みます。不審者として逮捕され、連れ戻された教会でミリエル司教が「その食器はあげたもので、しょく台もあげたのに忘れていった」と証言する場面です。その紹介の後で「ミリエル司教は、なぜジャンに、銀のしょく台まで手わたしたのでしょうか」と、空欄に意見を書くように求めています。

私は『ああ無情（レ・ミゼラブル）』と聞くと、この感動的な場面だけでなく、ユーゴーがこの作品を書いた動機を端的に表明した次の有名な序文を思い出します。

> 法律と風習とによって、ある永劫の社会的処罰が存在し、かくして人為的に地獄を文明のさなかにこしらえ、聖なる運命を世間的因果によって紛糾せ

しめる間は、すなわち、下層階級による男の失墜、飢餓による女の堕落、暗黒による子供の委縮、それら時代の三つの問題が解決されない間は、すなわち、ある方面において、社会的窒息が可能である間は、すなわち、言葉を換えて言えば、そしてなおいっそう広い見地よりすれば、地上に無知と悲惨とがある間は、本書のごとき性質の書物も、おそらく無益ではないであろう。

一八六二年一月一日　オートヴィル・ハウスにおいて　ヴィクトル・ユーゴー［96、第1巻p21］

ユーゴーは『ああ無情（レ・ミゼラブル）』において貧困と犯罪に対する社会の責任を問題にしているわけです。

ユーゴーが問題にした「男の失墜」「女の堕落」「子供の委縮」は今日の日本に厳然と存在しています。雨宮処凛《かりん》さんの『生きさせろ！』［8］、湯浅誠さんの『貧困襲来』［95］、下野《しもつけ》新聞・子どもの希望取材班の『貧困の中の子ども』［48］といったそれを主題とする書物も多数出版されています。日本の状況は30年ほど前から悪化し、150年ほど前の『レ・ミゼラブル』の世界に回帰しつつあると言っても過言ではないでしょう。どうしてそんなことになったのでしょうか。

世界的ベストセラーになったトマ・ピケティ『21世紀の資本』［58］は、300年間にわたる世界各国の財政データを分析して、資本主義は累進課税の導入のような社会的対応をおこなわず、資本の活動を自由放任しておくと、貧富の差は拡大し続

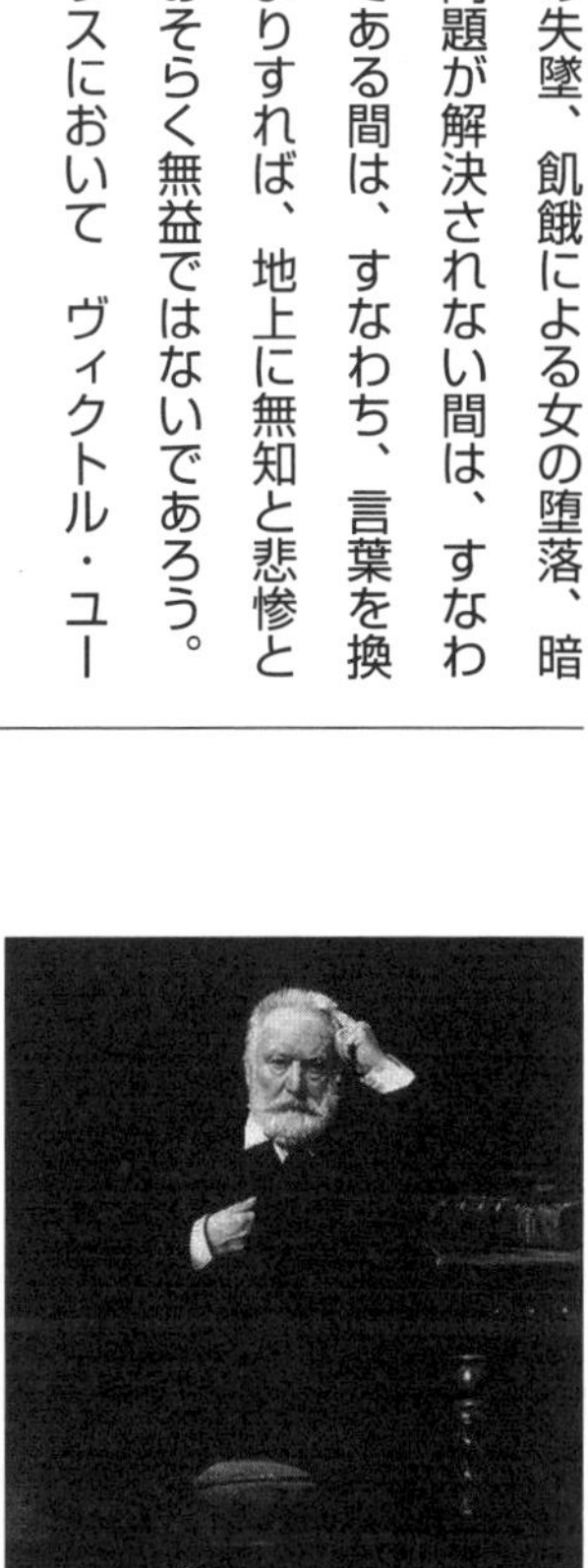
ヴィクトル・ユーゴー（1802～1885）

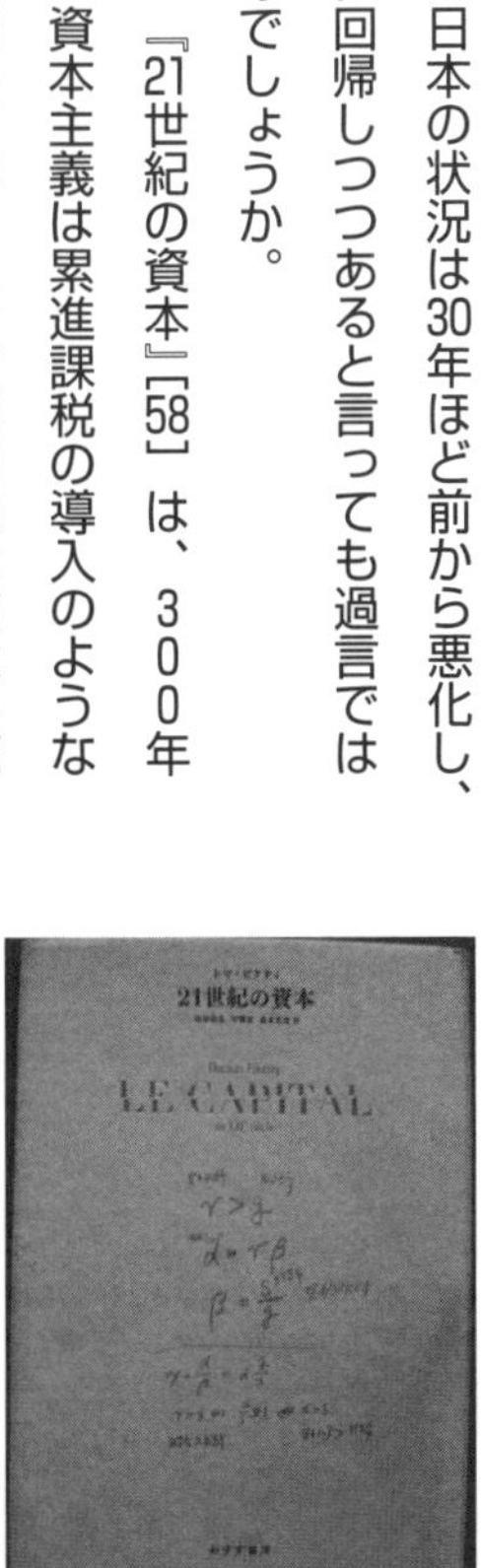

みすず書房刊『21世紀の資本』［58］

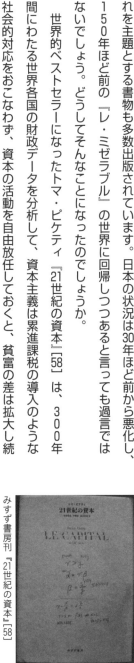

けるという事実を指摘しました［58］。こうした資本主義の特性を隠蔽し、資本による搾取を強化するのがネオリベラリズム（新自由主義）のイデオロギーです(注39)。『私たちの道徳』は、社会的問題を個々人の「自己責任」にすりかえようとする（第2章8など）他に、『ああ無情（レ・ミゼラブル）』を取り上げても、現代日本の貧困との類似は無視するなど、明らかにネオリベラリズムのイデオロギーに立脚しています。

（注39）ネオリベラリズムは、「市場原理主義（資本主義の放任）」「小さな政府（政府の社会権擁護義務の放棄）」「税のフラット化（累進課税の廃止）」「労働市場の流動化（労働基本権の廃止）」といった政策からなる［24］。

22 黄熱病とのたたかい（p92～95）

黄熱病の病原体はウィルス

「支え合いや助け合いに感謝して」という節に、「黄熱病《おうねつびょう》とのたたかい」と題して、野口英世（1876～1928）が黄熱病研究に打ち込み、自分自身が黄熱病にかかってアフリカで死んだ話が、「人類のために生き人類のために死んだ」美談として紹介されています。

野口英世はその生涯で「留学金欲しさのあまりの婚約詐欺」［62、p98］や「学歴詐称」［62、p109］などを犯した、高潔とは言い難い人物でした。人類のために生きたのではなく、自己の功名心のために生きた出世主義者だったと私は思っています。

上野公園の野口英世像

そういった野口の個人的「道徳」は、この際問わないにしても、『私たちの道徳』における野口の紹介が、野口の黄熱病研究が病原体を細菌とした的外れの研究だったことにふれない異様さ（『私たちの道徳』のみならず日本でおこなわれている野口礼賛に共通する異様さですが）は注意されるべきでしょう。

野口の死後、黄熱病の病原体がウィルス(注40)であることが明らかになり、野口説を批判したマックス・タイラー（1899〜1972）は、黄熱病ワクチンを開発するという画期的な成果を得てノーベル賞を受賞（1951）しています［6、p196〜197］。野口がノーベル賞を受賞できなかったのにはそれなりの理由があったのです。

『私たちの道徳』における野口の紹介のように、その人物の業績の実質が問題にされず、物語とムードだけの美談によって「偉人」崇拝がなされるのは日本人の悪癖でしょう。それは近年の佐村河内《さむらごうち》事件や小保方《おぼかた》事件、日本はオレオレ詐欺が成立する世界唯一の国だという事実などにつながっていると、私には感じられます。

23　こわされていく自然環境（p112）

ジュゴンと辺野古の基地建設

「自然の偉大さを知って」という節には、「こわされていく自然環境」というキャ

（注40）細菌は遺伝情報を保存するDNAと、代謝情報を伝達するRNAを併せ持つ生命体なのに対し、ウィルスはRNAあるいはDNAの片方しか持たない、いわば「半生命体」である［6］。

プションのページがあり、「自然はいちどこわれてしまったら簡単には元にもどらない」というコメントのもとに、「年々とけていく南極の氷河」「白化《はっか》したサンゴ」「イリオモテヤマネコ」「リュウキュウヤマガメ」などの写真が掲げられ、「なぜ自然破壊が起こるのかみんなで話し合ってみましょう」と結ばれています。

しかし、このように一般的な事例だけを取り上げて話し合ってみても、どこかで聞いたような結論しか出てこないのではないでしょうか。実のある話し合いをするためには、破壊が進行している現実の問題を取り上げる必要があるでしょう。たとえば、絶滅危惧種《ぜつめつきぐしゅ》ジュゴンの保護を無視しておこなわれている、辺野古《へのこ》の基地建設などはどうでしょうか［26］。このような問題を考えることによって、「なぜ自然破壊が起こるのか」という問いに実質的な解答が得られるのではないでしょうか。

24 権利とは、義務とは（p124〜125）

基本的人権は無条件の権利

「法やきまりを守って」という節に、「権利とは、義務とは何だろう」として、「権利」は「ある物事を、自分の意思によって自由に行ったり、他人に要求したりすることのできる資格や能力」、「義務」は「人がそれぞれの立場に応じてしなければならないことやしてはならないこと」と定義されています。

基本的人権が無条件ではないと教え込みたい『私たちの道徳』

また、「日本国憲法が定める国民の権利と義務」として、「参政権」「生存権」「教育を受ける権利」などの「基本的人権」と、「子どもに教育を受けさせる義務」「税金を納める義務」「仕事について働く義務」などの「国民がはたさなければならない義務」が挙げられています。

国民の権利と義務をテーマにしたこの節は、『私たちの道徳』全4冊の中でもっとも問題のある箇所です。なぜなら「基本的人権はすべての人間に無条件で与えられている」とする国際人権論や日本国憲法の大原則が、ここでは否定されているからです。(注41)

『私たちの道徳』の「義務」の説明に特に問題はありませんが、「権利」の説明には大きな問題があります。日常用語では「権利」という言葉が「資格」や「能力」の意味で使われることもありますが、法律用語としての「権利」、とりわけ「基本的人権」にいう「権利」は「資格」や「能力」とは無関係で、「人間なら無条件に与えられる力」という意味しかないからです。(注42)

『私たちの道徳』は、あえて日常用語と法律用語を混同することによって、「権利」が条件付きのものであることを子どもたちに教え込もうとしています。また「だれかが一方的に自分の権利ばかりを主張して義務を果たさなかったり、一方的に義務だけを押し付けられたりするようなことがあったら、どうなるでしょうか。私たちの生活や社会はうまくいくでしょうか」という問いかけがなされていること

(注41)　世界人権宣言2条には「すべての者は……この宣言に規定するすべての権利及び自由を享有する権利を有する」とあり、日本国憲法97条には「この憲法が日本国民に保障する基本的人権は、人類の多年にわたる自由獲得の努力の成果であって、これらの権利は、過去幾多の試練に堪へ、現在及び将来の国民に対し、侵すことのできない永久の権利として信託されたものである」とある［20、52］。

(注42)　世界人権宣言18条「すべての者は、思想、良心及び宗教の自由についての権利を有する」、19条「すべての者は、意見及び表現の自由についての権利を有する」、20条「すべての者は、平和的な集会及び結社の自由についての権利を有する」、日本国憲法19条「思想及び良心の自由は、これを侵してはならない」、20条「信教の自由は、何人に対してもこれを保障する」、21条「集会、結社及び言論、出版その他一切の表現の自由は、これを保障する」などを見れば分かるように、基本的人権はすべての人間に対し無条件に与えられた権利である［20、52］。

からも、「権利」が無条件のものではなく、「義務」を果たさなければ与えられないものだと、教え込もうとしていることは明らかです(注43)。

「基本的人権」に条件を課すことは国際人権論や日本国憲法に反しています。そもそも基本的人権とは国家によって国民に与えられる恩恵などではありません。「すべての人間に与えられた権利」として、国民が不断の努力によって守っていかなければならないものだということも、ここで再確認しておきたいと思います(注44)。

25 家族の幸せを求めて（p156）

人権の「人」は「個人」

「家族の幸せを求めて」というこの節では、「家族に見守られて成長してきた私」のタイトルで、「どんなときも私を信じてくれている。どこにいても私の心を支えてくれる。私の家族。大切な家族のために私は何ができるのだろう」という問いが投げかけられています。

ここで述べられたような家族も存在するでしょう。しかし一方では、『私たちの道徳』の家族像に合わない家族も存在することは先にふれたとおりです（第1章6、第2章14）。

ここではより原理的な問題として、「家族の絆《きずな》の強制」が、日本国憲法を含む国

（注43） 自民党憲法草案21条は「集会、結社及び言論、出版その他一切の表現の自由は、保障する。2 前項の規定にかかわらず、公益及び公の秩序を害することを目的とした活動を行い、並びにそれを目的として結社をすることは、認められない」として、基本的人権に制限を課している［78］。これは、国際人権を否定し、大日本帝国憲法（1889）29条「日本臣民ハ法律ノ範囲内ニ於テ言論著作印行集会及結社ノ自由ヲ有ス」［20］に復帰しようとする時代錯誤の妄想であり、『私たちの道徳』と自民党憲法「改正」草案が同一思想のもとにあることが確認される。

（注44） ドイツの法学者イェーリングは、『権利のための闘争』（1894）において「権利＝法が不法による侵害を予想してこれに対抗しなければならないかぎり――世界が滅びるまでその必要はなくならないのだが――権利＝法にとって闘争が不要になることはない」と断言し［13、p29］、日本国憲法12条は「この憲法が国民に保障する自由及び権利は、国民の不断の努力によって、これを保持しなければならない」としている［20］。

際人権論に違反していることを指摘しておきたいと思います。

まず日本国憲法13条には「すべて国民は、個人として尊重される」とあります。(注45)この部分を自民党憲法草案は、「全て国民は、人として尊重される」と改変しています[78]。「個人」と「人」は法理的に重大な差異があり、「個人」とはどんな共同体に属しているかが問われない存在、たとえば、「家族の絆」からも自由な存在です。一方「人」とはそういった規定がなされていない存在であり、「家族の絆」を強要される可能性をはらんだ（日本では現に強要されている）存在なのです。

そして国際人権論では人権の対象は、「人一般」ではなく、「個人」です。(注46)それを端的に示しているのは「少数民族」の保護を規定した自由権規約(注47)の第27条で、そこには、

> 当該少数民族に属する者は、その集団の他の構成員とともに自己の文化を享有し、自己の宗教を信仰しかつ実践し又は自己の言語を使用する権利を否定されない。

とあり、権利の対象は「少数民族」ではなく、「少数民族に属する者」とされています[52]。「少数民族」の尊厳は尊重されるべきですが、権利の対象はあくまで「属する者＝個人」なのです。少数民族の社会でも、そこにはそれなりの社会的問題、たとえば、家父長制による婚姻の自由の侵害などがありえます。(注48)人権の対象が「少数民族」という集団ではなく、「個人」であることの背景には、そういう問題が

（注45） 憲法学者の樋口陽一氏は13条が日本国憲法でもっとも重要な項目だとしている。

（注46） 世界人権宣言第1条は「すべての人間は、生まれながらにして自由であり、かつ、尊厳及び権利において平等である（All human beings are born free and equal in dignity and rights）」とする。「すべての人間（All human beings）」が「生まれながらにして自由（born free）」とあるのは、国家・民族・宗教・家族といった共同体からの自由が想定されており、「すべての人間」は「個人」を意味する。

（注47） 世界人権宣言（1948）を具現化するため、国連は1966年、批准した国がその内容を具現化する義務を負う、社会権規約と自由権規約という2つの国際人権規約を採択した。「自由権」とは「表現の自由」や「思想・信条の自由」といった古典的な人権であり、「社会権」とは労働・教育・社会保障・文化という4つの項目に関連し、政府に財政出動を含む対応を要求できる権利である[97]。

（注48） 私の知人にラオスのモン族の女性がいる。日本語に堪能なガイドで、一家の稼ぎ頭であるにもかかわらず、結婚の相手は家父長制の残るモン族の慣習に

あるのです。

『私たちの道徳』の「家族の絆」の強要は、国際人権基準に違反していることを、あらためて確認する必要があります。なお、自民党の憲法「改正」草案や『私たちの道徳』が「家族の絆」に執着するのは、単に理念的なことだけではなく、国家の人権擁護義務の放棄という「実利」が背景にあることは後述します（第4章42）。

26 郷土や国を愛する心を（p164）

「郷土」と「国」の不連続性

「郷土や国を愛する心を」というこの節は、「この国を背負って立つのは私たち。私たちの住むふるさとには、伝統や文化が脈々と受け継がれている。それらを守り育てる使命が私たちにはある」という宣言から始まっています。

ここで注意したいのは、小学校1・2年、3・4年のテキストでは「ふるさと」「きょう土」だけが語られていたのに、5・6年テキストでは「ふるさと」「郷土」と一体のものとして「国」が位置づけられ、教えられ始めていることです。最初から「国」を出すことによって生じる警戒感を懸念し、まず抵抗感の少ない「ふるさと」「郷土」を取り上げ、そのうえで本来の狙いである「国」の存在をそれと一体のものとして教え込むという意図が感じられます。

従い父親に選ばれた。共通の友人から、彼女が「自分はモンを離れる気はなかったので父の言いつけに従ったが、自分の子どもにはこんな思いをさせたくない」と語ったと聞いた。

しかし、「郷土」と「国」を連続一体のものと見なすことには基本的な無理があります。「国」の成立以前に「ふるさと」「郷土」があり、両者が単純に連続するはずがないからです。

私の「郷土」仙台市北部の多賀城《たがじょう》市には、天皇制律令国家が造営した多賀城の遺跡があり、そこには『おくの細道』の旅で訪れた芭蕉が、「疑《うたがひ》なき千歳《せんざい》の記念《かたみ》……羇旅《きりょ》の労を忘れて、泪《なみだ》も落《おつ》るばかり也《なり》」[69、p33]と詠嘆した、多賀城碑[7]が現存しています。この石碑は天平宝字《てんぴょうほうじ》6年（762）に建てられたと記され、上段に「西」の一字が大書され、その下の右半分に、多賀城の位置が次のように明記されています（写真参照）。

去京一千五百里　去蝦夷《えみし》国界一百廿里　去常陸《ひたち》国界四百十二里
去下野《しもつけ》国界二百七十四里　去靺鞨《まっかつ》国界三千里

この時代の「一里」は約650メートルなので[7]、この碑文は多賀城と「京」「蝦夷国界」「常陸国界」「下野国界」「靺鞨国界」との距離を、それぞれ、「一千五百里」＝約975キロメートル、「百二十里」＝約78キロメートル、「四百十二里」＝約268キロメートル、「二百七十四里」＝約178キロメートル、「三千里」＝約1950キロメートルとしています。なお「……国界」は「……国」の境界、「常陸国」「下野国」はそれぞれ現在の茨城県と栃木県、「靺鞨」は、東北アジアの日本海岸にいたツングース系民族の総称です。

多賀城碑拓本

多賀城から約78キロメートルのところに「蝦夷国」との境界があったというのですから、8世紀の宮城県は完全に「日本国」には含まれていなかったということになります。(注49) 私には高校生のとき多賀城碑を訪ね、「8世紀には宮城県は日本ではなかったなあ」と感銘した記憶があります。あたりまえのことですが「国」の領域は時代によって変化し、(注50)「郷土」と「国」は必ずしも連続していないのです。

　このような例はいくつも挙げることができます。たとえば、『古事記』には、天《てん》孫《そん》・瓊瓊杵尊《ににぎのみこと》に「国譲り」した、出雲の主神・大国主《おおくにぬし》が、

八千矛《やちほこ》の　神の命《みこと》は　八島国《やしまくに》　妻枕《つまま》きかねて
遠遠《とほどほ》し　高志《こし》の国に　賢《さか》し女《め》を　ありと聞《き》かして
麗《くわ》し女を　ありと聞こして　さ婚《よば》ひに　あり立たし　……

と、高志の国の沼河比売《ぬながわひめ》という女神に求婚した神話が載っています［40、p54］。

　今の新潟県の糸魚川《いといがわ》には「奴奈川《ぬながわ》神社」があり、沼河比売の居住地は糸魚川の近辺と想定されています［53、p354〜358］。大国主は右に引用した求婚歌の中で、「八島国」（原初の日本）では「妻枕きかねて」（妻となるべき女性が得られず）、遠方の高志の国に賢く美しい女神がいると聞いたので求婚に来たと言っています。つまり、この神話が形成された時代に、新潟県は日本ではなかったことになります。「郷土」と「国」を混同することによって、愛国心を涵養《かんよう》するやり方は、歴史学の事実に反した、架空の社会観を子どもたちに強いることになります。

（注49） 私見では、「蝦夷国界」は多賀城から見て「西」の、現在の宮城・福島県境付近だが（『市民の古代　第15集』新泉社1993、拙稿「多賀城碑の解読」）、通説のように多賀城の北に「蝦夷国」があったとしても、宮城県内に「蝦夷国」があったことに変わりはない。

（注50） 近代においても、尖閣列島＝釣魚諸島は日清戦争（1894〜95）で、竹島＝独島は日露戦争（1904〜05）で、帝国主義的膨張の中で日本の領土に編入されたものであり「日本固有の領土」とは言えない［84］。なお私は「国家」や「国境」といった観念を、近未来の人類が克服すべき課題と考えている。

27 世界の人々とつながって（p176）

国連個人通報制度と日本

「世界の人々とつながって」という節の冒頭に、「地球という一つの星に暮らす七十億以上の人々。たくさんの言葉、多様な生活様式、そして様々な考え方。私もこの星に生まれたその中の一人。日本人としての自覚をもって私にできることは何だろう。私がやらなければならないことは何だろう」という問いかけがなされています。

しかし、なぜ私がこの星で生きるのに「日本人としての自覚」を持たなければならないのか、なぜ「この星に生まれた人間としての自覚」だけではいけないのかという説明がありません。『私たちの道徳』は「日本人である前に人間である」という発想を子どもの段階でさりげなく奪おうとしているように見えます。

人間が理性を持った存在である以上、「日本人である前に人間である」という自覚を促すことは当然の教育の課題だと私には思われます。しかし『私たちの道徳』は、「地球という星に生まれた一人」という抽象的な詠嘆をする一方で、「ただし世界の人々と直接つながるな」という強いメッセージを、子どもたちに発しているように思われてなりません。

さて現在、地球に暮らす70億を超える人々に、共通の規範を定め一応の秩序を与えているのは1945年に創られた国際連合です。(注51) 国連憲章第1条にあるように、国連の3大目的［52］の1つは人権の普及であり、各種の人権条約の批准を各国に促し、批准国に対しては条約の実施状況を監視する活動をおこなっています。

国連で採択された人権条約で、条約批准国における実施状況を監視する委員会が対応しているのは9つの条約(注52)ですが、これら9つの条約すべてに、批准国の国民が条約に定められた人権を踏みにじられ国内で救済措置がとられなかったとき、直接国連の対応する委員会に訴えられる「個人通報制度」がオプションとして付加されています。(注53)

私は、日本政府が労働時間制限ILO条約をただの1つも批准していないことと（第2章8参照）、国連人権条約の個人通報制度をただの1つも批准していないことが、国際人権システムにおける日本の2大問題だと思っています。国際化が叫ばれる一方で、私たち自身の国際人権に関する知識は、かなり貧しいのではないでしょうか。『私たちの道徳』を見ながら、国連人権条約における個人通報制度の存在と、日本がそれらをただの一つも批准していない現実をあらためて考えてみるべきだと思います。

（注51） 国連も人間が運営している以上、当然ながら腐敗や堕落も生じる。たとえば、国際原子力利権の影響下にあるUNSCEAR（United Nations Scientific Committee on the Effects of Atomic Radiation、原子放射線の影響に関する国連科学委員会）などがそうであろう。私たちは人類の一員として、権威主義に陥ることなく、民主的手法で国連を機能させていく不断の努力を求められている。

（注52） 人種差別撤廃条約（1965年採択、日本は1996年批准）、社会権規約＝A規約（1966年採択、日本は1979年批准）、自由権規約＝B規約（1966年採択、日本は1979年批准）、女性差別撤廃条約（1979年採択、日本は1985年批准）、拷問等禁止条約（1984年採択、日本は1999年批准）、子どもの権利条約（1989年採択、日本は1994年批准）、移住労働者及び家族の権利条約（1990年採択、日本は未批准）、障がい者の権利条約（2006年採択、日本は2014年批准）、強制失踪防止条約（2006年採択、日本は2009年批准）の9つである［52、97］。

（注53） 個人通報制度によって国内法が改正された事例もある［59］。また個人通報制度を批准していない国の国民でも、批准国で起こった人権侵害については利

28 龍馬は考えていた（p177）

明治維新から後発帝国主義国家へ

「世界の人々とつながって」の節には、坂本龍馬（1835〜1867）と新渡戸稲造（1862〜1933）の写真が掲げられています。坂本龍馬については、「龍馬は考えていた」「世界に目を向けにゃいかんぜよ」というキャプションのもとに、

> 日本がまだ世界の中で孤立していた幕末、坂本龍馬は、「このままではいけない」という思いを強くもち、広く世界へ目を向けようとした。かれのえがいた新しい日本への思いとその構想は、志半ばで倒れた後に、実際の新しい国づくりに役立つことになる。そこには、日本も世界の一員として力強く発展してほしいという熱い思いがあった。

と紹介されています。また、新渡戸稲造については、「新渡戸は言った」「私は太平洋のかけ橋になりたい」というキャプションのもとに、

> 大正から昭和の初期、世界各国の関係が不安定な時代、新渡戸稲造は世界を回り、日本という国を理解してもらうためにうったえ続けた。国際連盟（国際連合の前身）の仕事を通して世界の平和につくし「太平洋のかけ橋」

用可能で、たとえば、自由権規約の個人通報制度を批准していたオーストラリア国内で、日本人が旅行中に巻き込まれた冤罪事件から救出された「メルボルン事件」のような事例もある［90］。メルボルン事件は、意識されることが少ないにせよ、日本人も国際人権システムの中にあることを教えてくれる。

長崎の風頭公園の坂本龍馬像

新渡戸稲造（1862〜1933）

――だけでなく「世界のかけ橋」となった。
と紹介されています。

坂本龍馬は司馬遼太郎（1923～1996）の小説『竜馬がゆく』［46］などで国民的人気が高い人物で、(注54)龍馬に対する国民的好感を利用する政治家や政党が後を絶ちません。しかし日本人は、明治維新とは日本が欧米帝国主義の仲間入りを果たし、アジア太平洋地域へ侵略する体制を産み出した社会革命であったことを、忘れてはならないと思います。(注55)先に吉田松陰がアジア蔑視の侵略思想を持っていたことを紹介しましたが（第3章17）、明治維新を無批判に美化することから、いいかげん日本人は脱却しなければならないと私は思っています。明治維新の美化を疑問視する本［71］が出始めているのは良い傾向だと思っています。

さて、龍馬が「このままではいけない」と思った理由は、欧米帝国主義の脅威ということなのでしょう。(注56)それに対する「世界の一員として力強く発展してほしい」という龍馬の願望が、具体的にはどのようなものであったのかは、彼が若くして暗殺されたことから定かには分かりません。ただし、龍馬を慕い海援隊に参加した陸《む》奥《つ》宗光《むねみつ》（1844～1897）が、日清戦争（1894～1895）を外交面で指揮し、日本の朝鮮植民地支配への道を切り開いたことを思えば［74］、龍馬が帝国主義政策に反対しただろうといった楽観視はできないと思います。(注57)

また新渡戸稲造が龍馬とおなじ節で取り上げられていることには、編さん者の意

（注54） 私は拙著『雲の先の修羅』［74］で、『竜馬がゆく』の著者である司馬氏の小説であり、日露戦争を日本の「祖国防衛戦争」とした『坂の上の雲』を批判した。

（注55） 明治維新以後、日本が欧米帝国主義を模倣した後発帝国主義国家になったことを「歴史の必然」とする論者も多いが、久米武邦（1839～1931）の『米欧回覧実記』（岩具遣外使節団の報告書）を見れば、維新直後の日本要人が「小国主義」の可能性をも模索していた様子がうかがわれる［39］。維新後の「帝国主義選択の必然性」は疑われるべきものだ。

（注56） アヘン輸入を禁止しようとした清国をイギリスが武力で制圧した阿片戦争（1840～1842）や、ペリー（1794～1858）の軍事的威嚇《いかく》による日本への開国要求（1853）などが挙げられる［100］。

（注57） 坂本龍馬が、最初は日本刀ではだめでピストルでなければならないとし、次にピストルではだめでこれからは「万国公法」でなければならないとした先進性［79、p24］などは、現代の目から見ても評価できる。

図が働いていると思われます。

新渡戸は国際連盟事務局長を務めるなど、日本と欧米との連携に寄与しましたが、一方では「アイヌ保護法」制定に関与し、植民地台湾で要職を務め、朝鮮を「枯死《こし》国《こく》」として「韓国併合」（１９１０）を正当化するなど、日本帝国主義と共に歩み、それを賞賛してやまなかった人物だったからです［38、60］。

新渡戸のいう「太平洋のかけ橋」とは、欧米帝国主義と日本帝国主義の連携に過ぎなかったと、私には思われるのです。

維新の志士や明治の群像を無批判に賛美することが、それ以後の日本の歩みを客観的に評価する目を曇らせていることに、日本人は気づくべきです。

第4章

中学校テキストを読む

29 理想通りにいかない現実もある（p18）

自己責任の刷り込み

中学校テキストは3学年をひとまとめにして編集されており、小学校テキストと同様の主張がダメ押し的に繰り返されています。

「目標を目指しやり抜く強い意志を」というこの節には、「理想通りにいかない現実もある」というキャプションのもとで、「自分なりに努力したつもりでもうまくいかないこともある」「各分野の第一線で活躍する人たちも同じように苦い経験や挫折を味わいながらそれを乗り越えてきた」と、その上で「自分の夢を散々邪魔して、足を引っ張り続けたのは、結局自分であったことを振り返る」と結論されています（写真参照）。

『私たちの道徳』が「夢」「情熱」「理想」に執拗にこだわることはこれまで見てきた通りです（第2章9など）。しかし、中学生ともなれば不可能な「夢」もあることが自覚される年代です。あまりにも「夢」「夢」と言い続けることで生じるうさん臭さを意識してのことでしょうか、「理想通りにいかない現実」にも言及せざるをえなかったとみえます。

ところが驚くべきことには（あるいは見え透いたことには）、「自分の夢を散々邪

「内なる敵」

困難を乗り越えながら訓練を続ける宇宙飛行士南波《なんば》六太《むった》。

「じゃあ、君には敵はいないと……？」

という問い掛《か》けに、一言一言かみしめるように答えた。

自分の夢を散々邪魔《じゃま》して、足を引っ張り続けたのは、結局自分であったことを振り返る。

「自己責任」を刷り込もうとする『私たちの道徳』

魔して、足を引っ張り続けたのは、結局自分であったことを振り返る」とされ、夢の実現をこばんだ「現実」はどこかにふっとばされています。

もちろん、夢が実現できない理由が自分の努力不足にあることもあるでしょう。しかし、自分だけではどうにもならない現実もまた存在します。高校進学や大学進学の断念といった「夢の障害」の原因が、貧困にあるかもしれませんし、資格の取得がその費用や時間の捻出《ねんしゅつ》の困難さによって不可能になっているかもしれません。「夢の障害」の責任が、自分の所属する組織や企業、国家や社会にある場合も当然ながらありえます。

『私たちの道徳』は、規制緩和により増大した非正規雇用層が、「正規雇用にならないのは自己責任」と引きこもり、不満が決して国家に向かわないように、企業や国家を批判する発想を子どもの段階で摘み取ろうとしているように見えます。(注58) 本節は『私たちの道徳』の意図がもっとも露骨に現れた箇所だと思います。

30 この人のひと言（p27）

曽野綾子氏の人種差別記事

「自分で考え実行し責任をもつ」という節に、「この人のひと言」として、白洲《しらす》次郎（1902～1985）、曽野綾子（1931～）、井上ひさし（1934～20

(注58)『私たちの道徳』のこの部分を見ると、人材派遣会社大手ザ・アール代表取締役社長の奥谷禮子氏の「過労死を含めて、これも自己管理だと私は思います」という暴言［95、p60］を想起せざるをえない。なお労働契約法5条は、使用者に労働者の安全を配慮する義務があるとしており、奥谷氏の発言は労働者を保護する法律を無視したものである［80、p10～11］。

10）といった3氏のコメントが紹介されています。

白洲次郎、曽野綾子(注59)という右寄り（曽野氏は極右だと私は思いますが）の論客に、リベラルと目される井上ひさし氏を加えたことで、『私たちの道徳』編さん者が「右に偏っている」という批判を受けることを気にしていることがうかがわれます。

ここで紹介されている曽野氏の発言「人生において何が正しいかなんて誰にもわからないのだから、自分の思うとおりに進んで、その結果を他人の責任にしないことが大切ではないかと思う」は、（自己責任論のニュアンスが感じられますが）極端に問題のあるものではありません。しかし、曽野綾子氏の『私たちの道徳』への登場を有名な作家であるゆえの起用でそれほど問題がないと感じるなら、ナイーブに過ぎると言わざるをえません。

なぜなら曽野氏は、保守の言論人として数々の反人権的な発言をしている人物で、『私たちの道徳』編さん者の狙いは、「吉田松陰」などと同様に、「曽野綾子」という存在を、肯定的なイメージで子どもに認知させることにあると思われるからです。『私たちの道徳』が子どもたちに認知させようとする曽野綾子氏とは、

> もう20～30年も前に南アフリカ共和国の実情を知って以来、私は、居住区だけは、白人、アジア人、黒人というふうに分けて住む方がいい、と思うようになった。［産経新聞コラム「労働力不足と移民」2015年2月11日］

という露骨な人種差別発言をおこない、国際社会の批判を呼んだ人物であることは

(注59) 曽野綾子氏（1931～）は、東京都生まれの作家。『老いの才覚』『人間の基本』『人間にとって成熟とは何か』など著書多数。曽野氏はこれまでに数々の反人権的な発言をしており、重い障害を持つ長男を育てながら国政で活動している野田聖子議員に対しても、息子の高額医療制度の恩恵を受けているのだから、「申し訳ない気持ちと、健康保険を収めている国民に感謝の気持ちを表すべきである」（『人間にとって成熟とは何か』）と批判している（参照、毎日新聞2016年8月17日東京夕刊）。

再確認に値するでしょう。このような人物を道徳教育の教材として採用することに、編さん者の意図が透けて見えるのです。

31 「夢をもちたい」という願い（p33）

『私たちの道徳』はブラック企業の露払い

「真理・真実・理想を求め人生を切り拓《ひら》く」というこの節には、「『夢をもちたい』という願い」と題して、「人間は夢なしではきっと生きていけないのでしょう」という「高校生の投書」が紹介されています。『私たちの道徳』の、子どもたちに「夢」を持たせようとする、この執拗《しつよう》さはいったい何なのでしょうか。

日本では1990年代、労働の規制緩和と同時に「夢」が喧伝《けんでん》され始めました。雨宮処凛氏の『生きさせろ！』で、29歳のフリーターがインタビューに対して、

> もしかしたら、フリーター問題って、夢だけ見せて、労働力だけ搾取《さくしゅ》してるって構造になってるのかも知れない。〔8、p93〕

と答えています。またブラック企業大賞実行委員会編『マンガでわかるブラック企業』には、

> これらの企業（半沢注、ワタミやゼンショーなどブラック企業）の経営者たちは、「夢」「情熱」などの抽象的な言葉を連呼する傾向があります。〔80、

— p29〕—

という指摘があります。飲食チェーン店ワタミには「365日24時間死ぬまで働け」と説く「ワタミグループ理念集」があり（週刊文春2013年6月5日）、2008年にはワタミの女性新入社員が長時間労働（2012年2月労災認定）により入社2カ月後に自殺する事件が起こりました。遺族が提訴し、2015年12月、ワタミの創業者で事件当時の代表取締役だった渡邉美樹《みき》氏（現在は自民党参議院議員）が謝罪し、遺族に1億3千万円超の賠償金が支払われる和解が東京地裁で成立したことは記憶に新しいところです。

『私たちの道徳』における「夢」や「理想」の執拗な奨励は、労働者の権利の無視（第2章13など）と表裏の関係にあります。いわば『私たちの道徳』は、ブラック企業の露払《つゆはら》いをしているテキストなのです。

　残念ながら子どもたちは、これから荒廃したネオリベラリズム・カースト社会で生きて行かなければなりません。(注60) 国家や企業から強制される「夢」や「情熱」の危険性から子どもたちを守るという、困難な課題が現場の先生方の前に立ち現れています。

（注60） 2015年9月、働く人を交代させれば企業が派遣労働者を使い続けられるように、労働者派遣法が「改正」された。

32 異性を理解し尊重して（p66）

国際民主主義とLGBT

「異性を理解し尊重して」という節の冒頭に、「男女は、社会の対等な構成員であり」とされ、「異性の特性や違いを受け止めた上で相手を理解し尊重し合うことができるようになるためにはどうすればよいのだろうか」という問いかけがなされています。

『私たちの道徳』で初めて「異性」の問題が取り上げられたので、ここでは2つの異なるテーマを議論します。それは第1に、男女平等の問題、第2に、LGBT（レズビアン、ゲイ、バイセクシャル、トランスジェンダー）つまり「性的マイノリティ」の問題です。（注61）

第1の男女平等の問題で、「男女は、社会の対等な構成員」というのはまさにそうあるべきです。ただし、ここで問題にしたいのは、「男女の平等」が『私たちの道徳』が顕彰してやまない「日本の伝統」においてはおこなわれず、敗戦後にGHQ民政局内のワーキング・グループで構想された日本国憲法で初めて実現されたこと、その事実を『私たちの道徳』がまったく語らないことです。

忘れてはならないことですが、日本国憲法が制定される以前は、普通選挙権（1

（注61）　2015年に電通ダイバーシティ・ラボが日本の男女7万人を対象にした調査では、自分がLGBTだと答えた人は7・6％にも達したという［86、p4］。

925）は成人男子にだけ与えられたもので、女性には選挙権さえありませんでした。天皇制下の明治憲法では、家父長制がすべての社会生活の価値判断の基本とされ、女性は深刻な無権利状態に置かれていたのです(注62)。

さて日本国憲法における男女の平等は、第14条の「性別で差別されない」という一般的規定にとどまらず、婚姻に関する第24条において、

> 1　婚姻は、両性の合意のみに基いて成立し、夫婦が同等の権利を有することを基本として、相互の協力により、維持されなければならない。
>
> 2　配偶者の選択、財産権、相続、住居の選定、離婚並びに婚姻及び家族に関するその他の事項に関しては、法律は、個人の尊厳と両性の本質的平等に立脚して、制定されなければならない。

と詳細に規定されています［20］。

この詳細な規定が採用された背景には、ＧＨＱ憲法草案検討ワーキング・グループの一員だったユダヤ人女性ベアテ・シロタ（１９２３〜２０１２）の存在がありました。世界的ピアニスト、レオ・シロタを父にもち、戦前の日本で少女時代を過ごした彼女は、日本の女性の無権利状態を知悉《ちしつ》しており、一般的に性による差別を禁じた14条に止まらず、夫婦間の平等を「個人の尊厳と両性の本質的平等に立脚して」と厳格に規定する条項の必要性を主張してやまなかったといいます［32、82］。

それゆえに、この憲法第24条は「ベアテの贈り物」とも呼ばれています。

(注62)　明治維新以前の日本女性の社会的地位が、それ以後ほど劣悪でなかったことは網野善彦氏の研究［9］などが示すところだが、明治維新から敗戦までの日本では家父長制による女性の抑圧が「日本の伝統」になっていた。

ベアテとその両親、山田耕筰と（１９２８年）

ベアテ・シロタ・ゴードン著『１９４５年のクリスマス』［82］

よく「日本国憲法はアメリカの押し付けだ」と主張する人たちがいます。こういった憲法成立の状況を見れば（第1章1注6でも述べたことですが）、日本の支配層にとってはたしかに押し付けられたものだったでしょうが、日本の市民、とりわけ女性にとっては国際民主主義からの贈り物だったことがよくわかります。

第2の問題は、国際社会では急速にLGBT（レズビアン、ゲイ、バイセクシャル、トランスジェンダー）つまり「性的マイノリティ」の人権が認知されつつあるのに、『私たちの道徳』は「男女」のみを考える紋切り型の叙述に終始していることです。(注63)

2015年6月、アメリカ最高裁が同性婚全面解禁という歴史的判決を下したことは先に紹介しました。（第2章11）「エレンの部屋」という人気テレビトークショーのホストを務める元女優・コメディエンヌのエレン・デジェネレスさんは、2008年、カリフォルニア州が同性間の結婚を認めたことを受けて、テレビでレズビアンであることを明らかにし、同性と結婚しました。また、『パイレーツ・オブ・カリビアン』のシリーズでよく知られる俳優のジョニー・デップさんの奥さん、アンバー・ハードさん（2016年8月にデップさんと離婚）もバイセクシャルであることをカミングアウトしています。モントリオール五輪（1976）の十種競技金メダリストだったブルース・ジェンナーさんが「心は5歳のときから女性だった」と性適合手術を受け、女性「ケイトリン・ジェンナー」として生きていくこと

（注63） 人権の問題とは別に、繁殖と無関係にみえる同性愛の人びとがなぜ存在するのかという生物学（進化論）的問題が考えられる。チンパンジーとともに人類にもっとも近い類人猿ボノボの群れのボスは常にメスであり、メス同士の同性愛が頻繁に見られると報告されている[81]。種の生存には「協力」が必要であり、「協力」のためには「共感」が必要であり、「共感」のために同性愛が必要だったのではないかと、私は考える。そう考えると「同性愛の存在は不自然」ではなくなる。『私たちの道徳』が性について紋切り型の発想しかできないのは、「人類」という視点の欠如からの必然的帰結のように私には思われる。

トランスジェンダーをカミングアウトしたジェンナー氏（『ヴァニティ・フェア』表紙）

を『ヴァニティ・フェア』誌（2015年7月号）の表紙モデルとなることによってカミングアウトしました。

日本でも渋谷区や世田谷区で同性カップルを「パートナー」として認める「パートナーシップ証明書」（渋谷区）「パートナーシップ宣誓書」（世田谷区）の発行が開始され、学校や企業においてもLGBTに関する学習や研修がおこなわれるようになっています［86］。

このような世界や国内の新しい流れにもかかわらず、『私たちの道徳』の性の問題の立て方は相変わらず「男女」の二項関係、男女の婚姻関係による「家族の道徳」に固執しています。『私たちの道徳』が説く「男女の平等」「家族の道徳」は、国際社会の人権感覚から置き去りにされるしかありません。

33 人それぞれに異なるものの見方・考え方がある（p73）

『私たちの道徳』の厚顔

「認め合い学び合う心を」というこの節で、「人それぞれに異なるものの見方・考え方がある」というキャプションのもとに、「一つのものについても、見る角度によって見え方が違う。世の中の出来事についても同じこと。自分の見方や考え方だけが全てではない」といったことが書かれています。

これまでの説明で、ある程度納得いただけたのではないかと思いますが、『私たちの道徳』は「理性」なき「夢」、「個人」なき「家族」、「人権」なき「きまり」、「人類」なき「国」といった価値観を、独断的に、半ば強制的に物語ってきました。このように「自分の見方や考え方だけ」を語ってきた『私たちの道徳』が、唐突に「自分の見方や考え方だけが全てではない」と言いだしたことに、違和感を覚えるのは私だけではないと思います。

おそらく『私たちの道徳』の編さん者が、マインド・コントロールされているという印象を持つ読者が出ることを想定し、その印象を緩和するため、この節を挿入したのではないかと想像します。

私の想像の当否はともあれ、先生がこのテーマにふれるときは、「『私たちの道徳』の見方や考え方だけがすべてではない」ことまで踏み込んで、子どもに教えてほしいものです。

34　支え合い共に生きる（p94～95）

君が代はダサいから歌わない

「人々の善意や支えに応えたい」という節の最後に、「支え合い共に生きる」として、茨木のり子（1926～2006）の「知命《ちめい》」という詩が紹介されています。

人から頼まれ嫌々ながら面倒なことをしてあげた後で、自分も同じように面倒なことをしてもらったおかげで今日があると気づく、といった内容の詩です。

茨木のり子には、日本による中国人強制連行を批判した「りゅうりぇんれんの物語」［54、p91～128］や、朝鮮植民地支配を批判した「総督府へ行ってくる」［54、p224～225］といった作品があり、御用文化人とはほど遠い位置にある詩人です。正直言って私には、『私たちの道徳』に茨木のり子の作品が取り上げられているのは意外でした。

しかし、ここで取り上げられた「知命」という詩は、『私たちの道徳』にとって目障《めざわ》りなものではありません。第4章30の井上ひさしのように、アリバイ的な意味で採用したものでしょう。

それならば授業でこのテーマにふれる先生は、（『私たちの道徳』が取り上げるはずがない）次のような詩を「茨木さんにはこんな詩もあるよ」と、子どもに紹介されたらどうでしょうか。(注64)

球を蹴る人　――N・Hに――

二〇〇二年　ワールドカップのあと
二十五歳の青年はインタビューに答えて言った

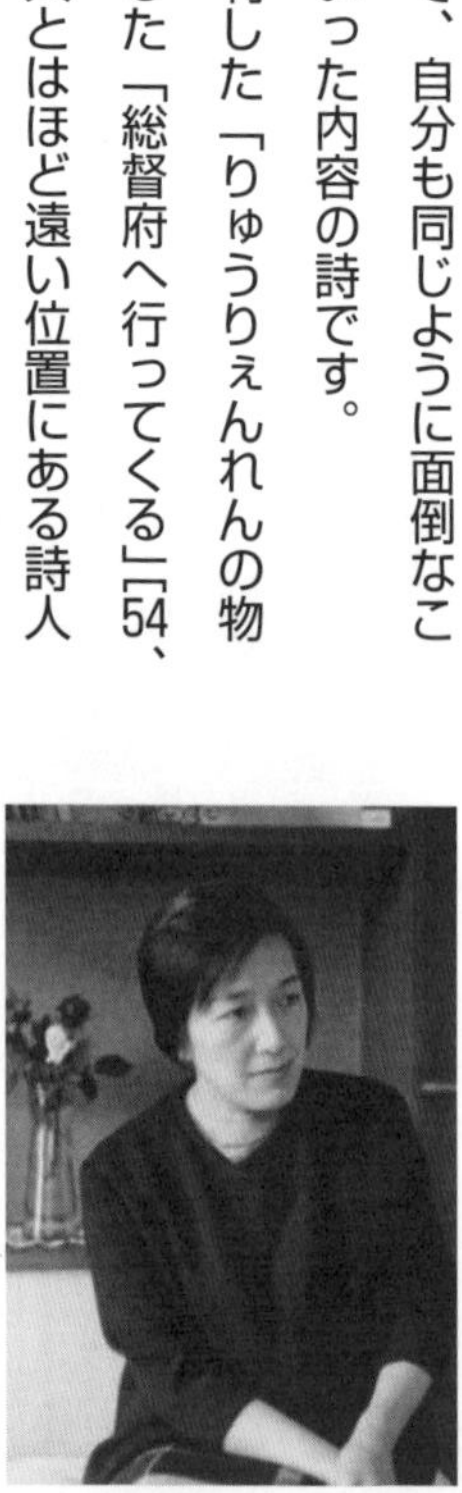
茨木のり子（1926～2006）

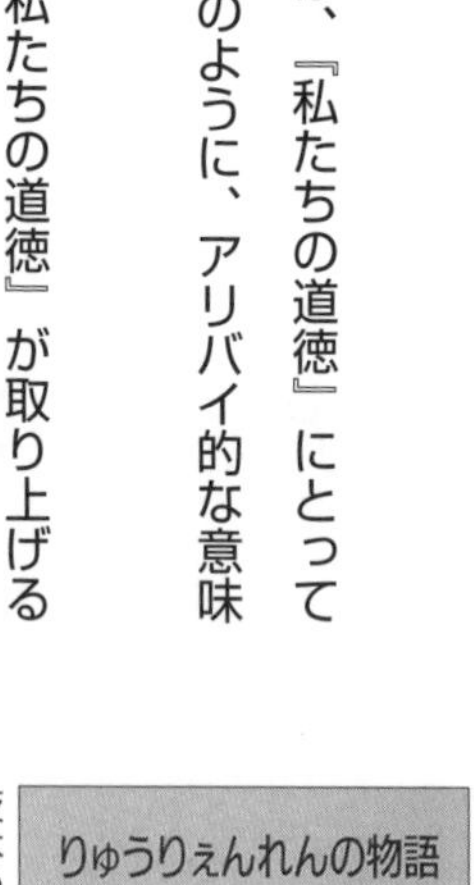

茨木のり子著『りゅうりぇんれんの物語』

（注64） 茨木のり子は「鄙《ひな》ぶりの唄」という作品でも「なぜ国歌など　ものものしくうたう必要がありましょう　おおかたは侵略の血でよごれ　腹黒の過去を隠しもちながら　口を拭って起立して　直立不動でうたわなければならないか　聞かなければならないか　私は立たない　坐っています」としている［54、p236］。

「この頃のサッカーは商業主義になりすぎてしまった
こどもの頃のように無心にサッカーをしてみたい」
的を射た言葉は
シュートを決められた一瞬のように
こちらのゴールネットを大きく揺らした

こどもの頃のサッカーと言われて
不意に甲斐の国　韮崎《にらさき》高校の校庭が
ふわりと目に浮かぶ
自分の言葉を持っている人はいい
まっすぐに物言う若者が居るのはいい
それはすでに
彼が二十一歳の時にも放たれていた

「君が代はダサいから歌わない
試合の前に歌うと戦意が削《そが》れる」
〈ダサい〉がこれほどきっかりと嵌《はま》った例を他に知らない
やたら国歌の流れるワールドカップで

私もずいぶん耳を澄ましたけれど
どの国も似たりよったりで
まっことダサかったねえ
日々に強くなりまさる
世界の民族主義の過剰
彼はそれをも衝《つ》いていた

球を蹴る人は
静かに　的確に
言葉を蹴る人でもあった
［21、p104〜107］

いうまでもないかもしれませんが、「N・H」とは2002年・日韓共催ワールドカップにおける日本代表チームのエースだった中田英寿《ひでとし》さんのことです。

35 偶然性・有限性・連続性（p99〜101）

人類滅亡の蓋然性

（注65） 2011年、宇宙の膨張が加速しているという意外な（意外すぎる）事実の発見に対し、パールマッター、リース、シュミットの3氏にノーベル物理学賞が贈られた。宇宙膨張の加速は、全宇宙の物質＝エネルギーの69％を占めなが

「生命を輝かせて」という章の「生命《いのち》を考える」という序文に、地球や人類の永い歴史を考えると私が今ここにいる不思議を考えざるをえないとする「偶然性」、すべての人間は死ぬという「有限性」、自分の生命は過去から受け継いだものだから次につながらなければならないという「連続性」が語られています。

これまで見てきたように『私たちの道徳』の意図は「根本的疑問を抱くな」「個人として独立するな」「基本的人権を無条件と思うな」「日本人である前に人類の一員であるなどと思うな」といったメッセージを子どもに刷り込むことにあります。ただし、露骨な刷り込みへの反発を懸念する「ガス抜き」もしばしば見られ、ここでの宇宙・生命論もその類のものです。だから『私たちの道徳』がこだわる「日本の連続性」と調和するように、「生命の連続性」が強調されています。

しかし、私たちの宇宙はわけの分からないことだらけですが、太陽がやがて燃え尽き、人類だけでなく地球生命系全体が宇宙の燃えカスとなることは、ほぼ確実です。[注65]「人類の滅亡」は高い蓋然性を持っています。[注66]そこまで考えると『私たちの道徳』の日本へのこだわりなど空しく思えるでしょう。

先生がこのテーマにふれるときは、宇宙論や「人類滅亡の蓋然性」まで話題を拡《ひろ》げ、『私たちの道徳』の世界観を越えた思考に子どもを誘ってほしいものです。

ら、正体の推測すらできないダークエネルギーによるとされる［35］。このように宇宙全体は謎に満ちているが、その極小部分である太陽系の運命は、多くの恒星の観測により明確に予測できる。46億年前に誕生した太陽は、水素を燃やしている（核融合している）「主系列星」と呼ばれる恒星の一つだが、50億年後には水素を燃やし尽くし、ヘリウムを燃やす「赤色巨星」となり、その10億年後にはヘリウムも燃やし尽くし、余熱でぼんやりと輝く「白色矮星《わいせい》」となり、やがて宇宙の塵となり果てる［35、99］。このとき人類は、エネルギー保存則のような宇宙の基本法則を変えられるわけもないので、太陽系から何光年も離れた生息可能な天体に移住できるはずがない。人類は太陽系の中でじたばたして、すべては無に帰す存在でしかないように私には思われるのだ。ただし、そのことが「人類の無意味」を意味するか否かは、宗教哲学の問題として残る。

（注66） 人類の滅亡は必然だと私は思うが、完全にそれが証明されたわけでもないので、「蓋然性」という言葉を使った。

36 あなたならどう考え、行動しますか（p123）

杉原千畝と『私たちの道徳』

「人間の強さや気高さを信じ生きる」という節に、「あなたならどう考え、行動しますか」という問い掛けとともに、第2次世界大戦が勃発した翌年の1940年、ナチス・ドイツの迫害から逃れるユダヤ人難民にビザを発給し続けた外交官・杉原千畝《ちうね》（1900～1986）の事績が紹介されています。

前にも述べたように『私たちの道徳』には誰にも否定できない、心を打つ題材も「ガス抜き」として取り上げられています。杉原千畝の事績紹介もそうです。

しかし杉原の行動は、『私たちの道徳』が教え込もうとしている「道徳」とはかけ離れたものです。杉原は日本の外務省の指示を無視してユダヤ人難民にビザを発給し続け、その結果として外務省に退職を強要されました。杉原の行動に対し、日本政府による公式の「名誉回復」がなされたのは2000年にもなってからのことでした［102］。杉原は、『私たちの道徳』に反して「きまりを守らなかった人間」であり、『私たちの道徳』に反して「日本人である前に一人の人間であること」を選んだ人間」でした。そのことによって真の人間として、現在でもなお日本のみならず世界から尊敬されているのです。

外交官時代の杉原千畝

先生がこのテーマにふれるときは、杉原が「日本人である前に一人の人間であることを選んだ」ことを、子どもたちにはっきりと伝えてほしいものです。

37 人物探訪（p124）

日本はナチス・ドイツの同盟国

杉原千畝を紹介した同じ節の「人物探訪コラム」に、ナチス・ドイツの強制収容所に送られ、チフスによって死んだユダヤ人少女アンネ・フランク（1929〜1945）の悲劇が紹介されています。

『アンネの日記』で知られるアンネ・フランクは、杉原千畝と同時代に生き、共にナチスのユダヤ人ジェノサイドに関連する人間です〔12、17〕。『私たちの道徳』では、この二人が何げなく続けて取り上げられています。しかし『私たちの道徳』編さん者は自覚していないでしょうが、ここには日本人の「道徳」を考える上で見逃すことのできない問題が潜んでいます。ナチス・ドイツのユダヤ人迫害を非難するとき、日本がナチス・ドイツと同盟を結んで戦争をしていたという歴史的事実が、ほとんどの日本人の頭から抜け落ちているという問題です。

たとえば、かつてアンネが潜んでいた家を博物館にした「アンネ・フランクの家」（アムステルダム、「Anne Frank House」）を観光や学習で訪れる日本人は多

アンネ・フランク（1929〜1945）

いのですが、多くの日本人が「アンネってかわいそう」というだけの安直な反応のみを示すのに業を煮やした学芸員が、「貴方たちは、貴方たちの国がアンネを迫害し殺した国と同盟して戦争をしていたことをどう考えているのか?」と質問し、問われた日本人が絶句したという話を聞いたことがあります。

第2次世界大戦（1939〜1945）は複雑で多面的な性格を持った戦争でしたが、日本・ドイツ・イタリアのファシズムに対し、世界の民主主義が共同して戦ったという側面を持っていたことも確かです。日本は第2次世界大戦をナチス・ドイツと同盟関係を結んで戦い、数々の戦争犯罪を犯したことを、日本人は忘れてはならないはずです［31、98］。

そもそも現在の国際秩序を担う国連は、日本・ドイツ・イタリア三国を軍事的に打倒したことによって成立しました。国連憲章107条「敵国条項」の（主要な）「敵国」とは日本・ドイツ・イタリアです［52］。ほとんどのドイツ人はそのことを意識していると思うのですが、日本人でそれを意識している人がどれだけいるでしょうか。こうした状況を放置したままで、「国際的に通用する日本人を目指す」というのは滑稽なことです。

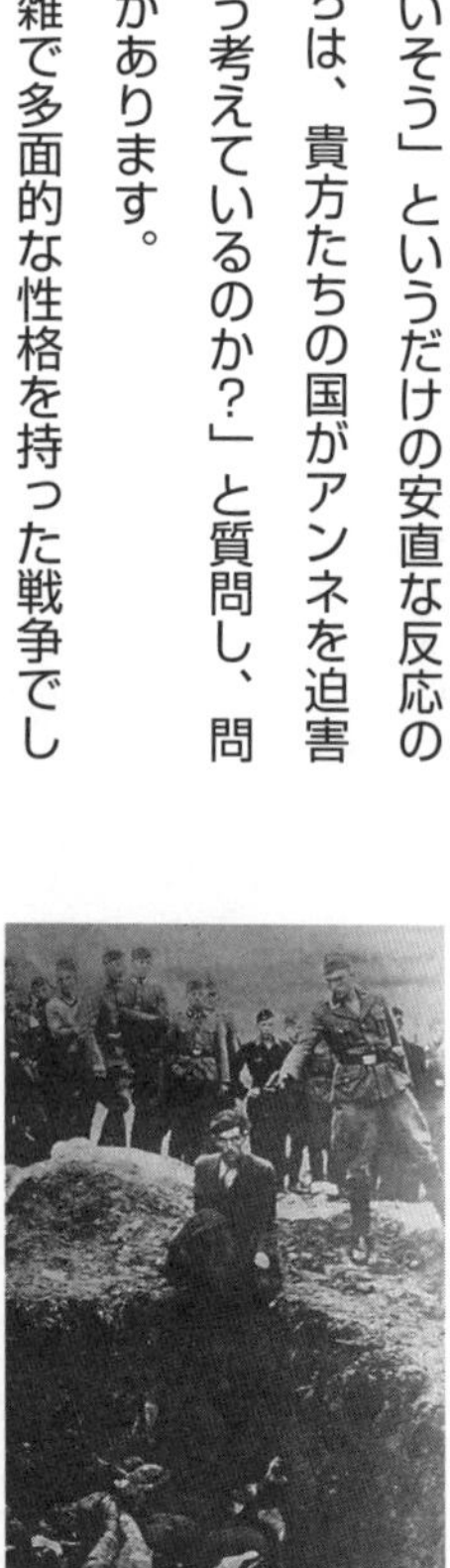

ホロコースト（殺人部隊のメンバーがユダヤ人を大きな死体穴前にひざまずかせ、ピストルで射殺する瞬間）

38 法やきまりについて学んだこと（p135）

国連UPRと日本

「法やきまりを守り社会で共に生きる」という節に、「法やきまりについて学んだこと」として「校則」「条例」「法律」などが「法やきまり」の例として挙げられ、「法やきまりは守らなければいけないと分かっていても、忘れてしまったり、どこか反発したくなったりしたことはなかっただろうか」と問いかけられています。

「きまり」は『私たちの道徳』のキーワードの1つですが、『私たちの道徳』が決してその相対性にふれず、また国や企業が守るべき人権について避けていることをこれまで紹介してきました（第2章8、第3章24）。この節でも「きまり」の例として国連憲章や日本国憲法を挙げることはありませんし、「きまり」に「反発」すること自体を悪いもののように決めつけています。

先に国連憲章や日本国憲法も「きまり」であることを述べましたが（第1章5）、ここでは日本政府が都合の悪い国連からの勧告に従わない状況が続いていることを指摘しておきましょう。

国連の人権問題へのとりくみは、2006年、人権委員会（Commission on Human Rights）を発展的に引き継いで、人権理事会（Human Rights

Council）が発足してから大きく発展し、(注67) 全加盟国193国に対し、各国が4年ごとに受ける普遍的人権状況定期審査（Universal Periodic Review、UPRと略称）が行われるようになりました。(注68) 日本は2008年と2012年に審査を受け、

個人通報制度の受諾
独立した国内人権機関の設置
「従軍慰安婦」問題への誠実な対応
死刑執行の停止及び死刑廃止の検討
代用監獄の廃止

などを勧告されました［97］。しかし日本政府はこれらの勧告に従おうとしていません。(注69)

国際的な「きまり」に従おうとしない日本国に、『私たちの道徳』のような「きまり」を国民に教える資格があるのでしょうか。

39 現代の企業でも（p147）

●●● 語られない企業の人権擁護義務

38と同じ節で、「国際スポーツの場でも」オリンピック憲章が国際的な規範として守られているように、「現代の企業でも」「近年、会社として守るべき規範を定め

(注67) 2015年9月21日、沖縄県の翁長雄志《おながたけし》知事は、ジュネーブで開かれた国連人権理事会で、辺野古の基地問題について「沖縄の人々は自己決定権や人権をないがしろにされている」と訴えた。自由権規約委員会、人種差別撤廃委員会など国連の人権機関は、これまでも日本政府に対し沖縄の基地問題は「先住民族」の権利を踏みにじるものだという勧告をしてきた。国際人権規約は社会権規約、自由権規約（第3章25、注47参照）ともに共通第1条として「人民の自決権」を掲げており［52］、沖縄への米軍基地の押しつけは「人民の自決権」の侵害といえる。翁長知事の人権理事会演説の4日後、菅《すが》官房長官が記者会見でそれに「強い違和感」を表明したことは、日本の要人の国際人権論への無理解を露呈《ろてい》したものである。

(注68) 毎年48カ国あるいは49カ国ごとに審査する（48＋48＋48＋49＝193）ので、各国は4年ごとに人権理事会の審査を受ける。

(注69) 国連の勧告が、日本政府に対し、一定の圧力になっていることはILO条約（第2章8）と同様である。日本の支配層は、教育基本法や日本国憲法を変えられたとしても、ILOや国連などの国際人権論を変えることはできない。国際人権論は日本の民主主義の頼りになる「後衛」であり、日本の民主主義はその

る企業が増えている」として、

> （例）　○○会社企業行動憲章
> 一、より良い商品を作ります
> 一、環境保全に努めます
> 一、社会貢献活動を進めます

といった「企業行動憲章」の例を紹介しています（写真参照）。

この3項目それ自体に問題はありません。しかしここで瞠目《どうもく》すべきは、企業の社会的責任（CSR; Corporate Social Responsibility）において、真っ先に掲げられるべき「人権」が完全に無視されていることです。１９９９年に提起された国連の国際グローバル・コンパクト(注70)で真っ先に人権条項が列挙されているように、企業の社会的責任としてまず人権擁護が言われなければならないことは今や世界の常識です。『私たちの道徳』が人権をないがしろにしていることは、これまで何回も指摘してきましたが、ここでの人権無視の露骨さには落胆せざるをえません。

40　世界人権宣言（ｐ１６１）

世界人権宣言と『私たちの道徳』の矛盾

「正義を重んじ公正・公平な社会を」という節に、世界人権宣言(注71)第１条、

(注70) 国連グローバル・コンパクトは企業活動の国際的規範を定めたもので、そこでは「原則1．企業はその影響の及ぶ範囲内で国際的に宣言されている人権の擁護を支持し、尊重する。原則2．人権侵害に加担しない。原則3．組合結成の自由と団体交渉の権利を実効あるものとする。原則4．あらゆる形態の強制労働を排除する。原則5．児童労働を実効的に廃止する。原則6．雇用と職業に関する差別を撤廃する」と、真っ先に人権条項が列挙されている［97、ｐ１７２〜ことを自覚すべきと考える。

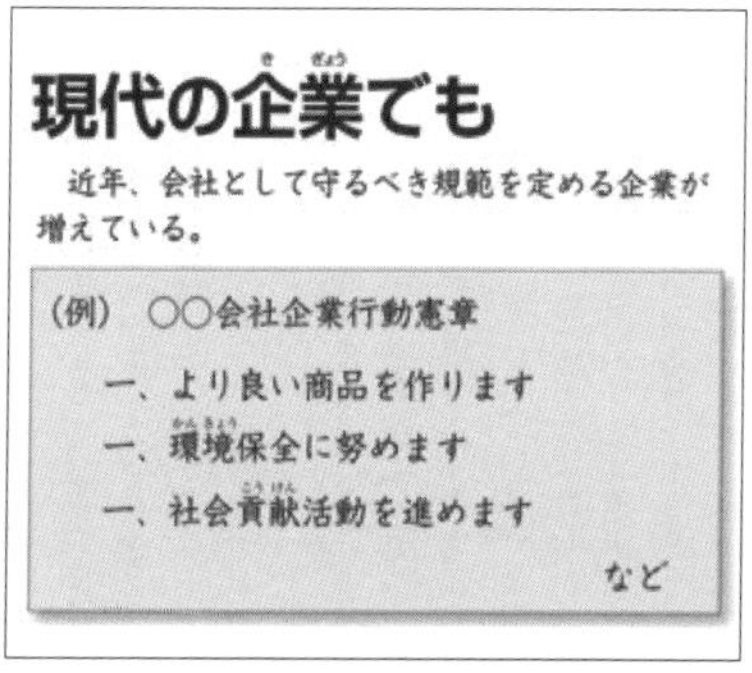
現代の企《き》業《ぎょう》でも

近年、会社として守るべき規範を定める企業が増えている。

（例）　○○会社企業行動憲章

一、より良い商品を作ります
一、環境《かんきょう》保全に努めます
一、社会貢献《こうけん》活動を進めます

など

企業の守るべき規範に人権がない『私たちの道徳』

> すべての人間は、生れながらにして自由であり、かつ、尊厳と権利とについて平等である。人間は、理性と良心とを授けられており、互いに同胞の精神をもって行動しなければならない。

と第2条1項、

> すべて人は、人種、皮膚の色、性、言語、宗教、政治上その他の意見、国民的若しくは社会的出身、財産、門地その他の地位又はこれに類するいかなる事由による差別をも受けることなく、この宣言に掲げるすべての権利と自由とを享有することができる。

が引用されています。

ここまで『私たちの道徳』において取り上げられる人物やテーマが、『私たちの道徳』の主要なメッセージと矛盾する例をいくつか指摘しましたが、最大の矛盾は世界人権宣言への言及でしょう。なぜなら、世界人権宣言の思想は『私たちの道徳』の思想を完全に否定しているからです。

それでは世界人権宣言は『私たちの道徳』をどう否定しているのでしょうか。

第1に、「世界人権宣言」は人間を、「理性と良心」を授けられた存在としています。「理性と良心」を授けられた存在とは、たとえば、「自国の過去の加害責任」「自分の能力の限界」といった「つらい真実」を客観的に見つめられる存在です。『私たちの道徳』のように「ふるさと」や「国」の欠陥、「夢」の限界をおおげさな言

173」。グローバル・コンパクトには、2016年5月段階で165カ国、8769企業・団体の参加があり、日本でもキッコーマン以下218の企業・団体が参加している（The United Nations Global Compact およびグローバル・コンパクト・ネットワーク・ジャパンのホームページによる）。

（注71） 世界人権宣言は、1948年12月10日の国連総会で採択された国際人権規範であり、採択を記念して12月10日は「世界人権デー」とされている。国連が「世界人権宣言」の起草を委託した人権委員会の委員長はアメリカ大統領フランクリン・ルーズヴェルト（1882〜1945）の夫人、エレノア・ルーズヴェルト（1884〜1962）だった。起草委員は、中国の哲学者・張彭春、レバノンの哲学者マリク、フランスの法学者カッサンなどで、さらにイギリスの歴史家E・H・カー、イタリアの哲学者ベネデット・クローチェ、インド独立の父・ガンジーなど錚々《そうそう》たる世界の知識人が意見を寄せた。世界人権宣言には22条（社会保障）、23条（労働権）、24条（休息・余暇の権利）、25条（生活水準）、26条（教育権）、27条（文化的権利）などの社会権が盛り込まれたが、これらはエレノア・ルーズヴェルトが、社会権導入に消極的だったトルーマン米大統領に、亡き夫のニューディール政策の思想に合致す

葉で美化して直視しない人間像は、「世界人権宣言」の求める「理性と良心」を持った人間像とかけ離れています。

　第2に、世界人権宣言は、人間を「生まれながらにして自由な」存在としています。前にも述べましたが（第3章25注46）、世界人権宣言や国際自由権規約などの国際人権論は、人間を「家族からも自由な」個人と規定しています。国際人権論の人間観は、人間を家族と不可分な存在とする『私たちの道徳』の人間観とは相容れないものです。

　第3に、世界人権宣言は基本的人権を、人間ならば無条件に与えられる権利と宣言しています（第3章24注42）。それは『私たちの道徳』が刷り込もうとしている「義務をはたした上で初めて与えられる権利」とはまったく異なったものです。

　第4に、「世界人権宣言」は人間にまず「同胞の精神」つまり「人類同胞の精神」を要求しています。「世界人権宣言」が求める人間像とは「人類の一員との自覚を持つ人間」であり、『私たちの道徳』が求める「人類以前に日本人である人間」とは違うものです。

　『私たちの道徳』は「ここで述べられていることが達成できれば、どれだけ世の中が明るくなることだろう……」と、あたかも「世界人権宣言」に賛同するかのようなコメントを加えていますが、「ここで述べられていることが実現されねばならない」といった明確な賛同ではありません。「なることだろう……」という屈折した

ると強硬に主張し、説得した結果、導入されたものという［89、p318〜323］。

「世界人権宣言」を起草した人権委員会委員長になるエレノア・ルーズヴェルトと夫フランクリン・ルーズヴェルト（1935）

表現に、『私たちの道徳』の編さん者の「世界人権宣言」に対する「敵意」「焦燥」「困惑」を読みとることができます。

先生がこのテーマにふれるときは、『私たちの道徳』が世間の目を気にして取り上げざるをえなかった「世界人権宣言」を最大限に活用して、「理性」と「人類同胞の精神」を持ち、「家族」「ふるさと」「国」に呪縛されず、自他の基本的人権を守ることで国際社会に生きる、そういった人間になれと子どもたちに語ってほしいと思います。

41 人物探訪（p164）

語られないガンジーの不労所得批判

40と同じ節に「人物探訪コラム」として、インドの独立運動を非暴力・不服従の思想で指導した「ガンディー」（1869〜1948）が取り上げられ、「全ての人の目から、あらゆる涙を拭《ぬぐ》い去ることが私の願いである」という彼の言葉が引用されています。

ガンジー（ガンディー）が取り上げられたのも、『私たちの道徳』が「偏向していない」ことを示す人物起用の一例でしょう。しかし、そういう場合も、取り上げ方で『私たちの道徳』の意図に合わない要素は避けられています。ガンジーについ

塩の行進中のガンジー（1930年）

ても『私たちの道徳』の世界観に矛盾しない話が取り上げられています。

私はガンジーのヒンドゥー・ナショナリズム［101］に批判的なので、彼を無条件に賛美しませんが、ガンジーの慰霊碑で、

理念なき政治　労働なき富　良心なき快楽　人格なき教育　道徳なき商業
人間性なき科学　犠牲なき宗教

が「七つの社会的大罪」とされていること（注72）などには共感します。

しかし、『私たちの道徳』はこういう文言は引用しません。

なぜなら「七つの社会的大罪」を引用することは、『私たちの道徳』の背後にいる大手人材派遣業者やブラック企業経営者（第4章29、31）など、「労働なき富」を享受《きょうじゅ》する層を批判することにつながるからです。

42　家族の一員としての自覚を（p180）

家族礼賛と生活保護の切り捨て

「家族の一員としての自覚を」という節の冒頭に、「家族は、最も身近な共同体である。……将来、私も家族を支える立場になる。私を育ててくれた家族に感謝し、自分が築きたい家庭を思い描きながら、人生を歩んでいきたい」といったことが書かれています。

（注72） 鳩山由紀夫氏が総理大臣の施政演説（2010年1月29日）で引用し、話題になった。

『私たちの道徳』の家族礼賛については、その非現実性（第1章6、第2章14）や国際人権論・日本国憲法との矛盾（第3章25）を指摘してきました。

ここではそれが、非現実性や理念的な問題だけでなく、日本政府が社会保障の責任を放棄する口実になっていることを指摘したいと思います。

さて、日本の民法877条1項では「直系血族及び兄弟姉妹は、互いに扶養をする義務がある」とされ、また同条2項では、「家庭裁判所は、特別の事情があるときは、前項に規定する場合のほか、3親等内の親族間においても扶養の義務を負わせることができる」とされています［20］。敗戦前の旧民法から引き継がれたこの家族間の扶養義務規定に対し、日本国憲法の施行時にその13条「すべて国民は、個人として尊重される」との整合性がなく、日本の古い家族制度の存続を認めるものだという批判がされましたが、結果として残されることになりました［18、ｐ102〜105］。

この扶養義務規定を利用して、生活保護申請を却下し、「直系親族及び兄弟姉妹」あるいは「三親等内の親族間」(叔父、叔母、甥、姪）に親族の扶養を押し付けることができる生活保護行政が可能になっているわけです。(注73)

こういう状況を見ると、『私たちの道徳』の家族礼賛は、日本政府の生活保護切り捨て政策と密接に関連し、それを側面から支えるものといって過言ではないと思います。

（注73） 諸外国における親族への扶養義務では、未成熟の子に対し親が負うだけで、「直系血族」「兄弟姉妹」さらには「三親等内の親族」に扶養義務が求められることは通常ないという［18、ｐ105］。また国連の社会権規約委員会は、2013年、日本政府に対し、生活保護申請手続きを簡素化し、申請者の尊厳を保護するよう日本政府に勧告した［18、ｐ81］。日本政府はこの勧告を無視し、2014年、生活保護法の「改正」をおこない、福祉事務所が、生活保護申請者や過去の利用者の扶養義務者に報告を求め、官公庁、年金機構、銀行などが保有する彼らの個人データを洗いざらい調査し、勤務先まで照会をかけることを可能にした（28条、29条）。さらに扶養義務者が扶養を拒んだ場合、その扶養義務者に保護開始決定が通知されることにもなった（24条）［18、ｐ95〜96］。

43 ふるさとを愛するということ（ｐ２０２）

「ふるさと」の重層性

「ふるさとの発展のために」という節に、「ふるさとを愛するということ」として「今、住んでいる場所を自分のふるさとと考え、その発展に努めている人がいる。一方で……かつて生まれ育った地域を、遠く離れた場所から、自分のふるさととして思い続けている人も少なくない」とされています。

『私たちの道徳』において、「ふるさと」は「国」「家族」と同様に、愛するだけのものであって、嫌ったり疑問を持ったりしてはいけないものとされています。しかし、そういう押し付けに無理があることはすでに説明してきたとおりです（第1章7、第2章15、第3章26）。ここでは「ふるさと」は「懐かしい」でひとくくりできるような単純なものではなく、重層的かつ複雑なものであることを、私の住む金沢を例にして考えてみたいと思います。

金沢は、前田家百万石の「ご城下」であり、毎年6月初めには、藩祖・前田利家の金沢入城を祝う「百万石祭り」が華々しく開催されています。しかし、前田家百万石の前に加賀一向一揆があり、そこが「百姓ノ持タル国」と呼ばれたこともよく知られています。(注74)

（注74） 長享《ちょうきょう》2年（１４８８）、加賀一向一揆は当時の守護・富樫政親《とがしまさちか》を高尾城に滅ぼし、加賀一国（石川県南部）は「百姓ノ持タル国」（『実悟記拾遺《じつごきしゅうい》』）と呼ばれた。その後、一向一揆は北陸一帯に勢力を伸ばし、１５８０年、信長との戦いに敗れるまで北陸広域を支配した[19]。なお、この時期の「百姓」が雑多な職掌民を含み、百姓＝「農民」でないことを中世史家・網野善彦が強調している[9]。

金沢市内や近郊には一向一揆関連の史跡・寺院が多数残存しており、前田氏の居城で、現在は金沢観光の核になっている金沢城にしても、一向一揆の牙城だった金沢御坊の跡に建築されたもので、城内への登り口の一つ「甚右衛門坂」には、金沢御坊が陥落したとき、そこで戦死した一向一揆の武将「平野甚右衛門」の名前が残っています（写真参照）。少数派ですが、加賀一向一揆の末裔であることを自覚し、現在でも一向一揆を倒した織田信長（1534〜1582）の家臣だった前田利家（1538〜1599）の金沢入城を祝う「百万石祭り」を、苦々しく思っている人さえいます。一方で、「百万石」を礼賛する人たちは一向一揆の過去を忌まわしいものとして極力無視する傾向を持っています。

しかし、外様大名を警戒し、その勢力を削ぐことに意を注いでいた江戸幕府が、なぜ加賀（石川県南部）・能登（同北部）・越中（富山県）という広域を支配することを前田家に許したのでしょうか。

一向一揆の研究家である金龍静《きんりゅうしずか》氏は、同領域が一向一揆の勢力圏であり、その残存勢力の地域的連携を広域にわたって監視する大名の存在を、江戸幕府が必要としたからだと推測しています。(注75) 私は金龍氏の主張に説得力を感じます。少なくとも歴史学的には自然な推定だと思えます。つまり相反するように思える「百万石」と「一向一揆」は、実はその根っこにおいて深くつながっていたと思われるのです。

このように、どんな「ふるさと」でも、そこには『私たちの道徳』の「ふるさ

金沢城内への登り口の一つ「甚右衛門坂」

（注75） 金龍氏は「幕藩権力は、加・越・能三ケ国に国境を越えて遍在するこの種の「国風《こくふう》」に対応せんがため、あえて「百万石」の広域支配者を必要としたのであった。前田藩が分割の危機を免れたということは、この「国風」がたやすく風化しなかったことを意味していよう」としている［36、p171］。

と」とは違った、「ひとすじなわではいかない歴史の真実」があるはずです。先生はできればそういった地元の歴史を自ら掘り起し、子どもに教えてほしいと思います。

44 国を愛し、伝統の継承と文化の創造を（p206）

日本国は国民に何をしたか

「国を愛し、伝統の継承と文化の創造を」という節の最初のページに、「日本人としての自覚をもって、この国を愛し、その一層の発展に努める態度を養っていきたい」と、「愛国心」を持つことが奨励されています。

毎度おなじみの内容ですが、これだけ執拗にいわれれば、「愛国心」を要求する日本国に、国は国民に何をしてくれたのかと、問い直したくもなります。

2015年、安倍政権による「安保法案(注76)」に反対する学生の組織SEALDs(Students Emergency Action for Liberal Democracy)の女性メンバーによる「3・11以後、国家は国民に何もしてくれないことがよく分かった」というスピーチをYouTubeの動画で見ましたが、まったくそのとおりだと思います。

先生がこのテーマを取り上げるときは、抽象的な話ではなく、福島原発事故と被災者、沖縄の基地と県民、貸与型奨学金と貧しい学生など、国と国民の関係にかか

(注76)「安保法案」とは、没落する超大国アメリカが、なお世界に対する軍事的支配を維持するため、自衛隊をアメリカの無料の傭兵として使うための詐術だと私は考える。それでも政権の支持率が下がらないのは、日本国民のかなりの部分が安倍氏同様に「国際社会からの引きこもり」状態にあり、安倍氏にある種の「共感」を覚えているからだとも考えている。「安保法」が「成立」したのは残念だが、憲法98条には憲法違反の法律は無効とする規定がある[20]。日本国民の「国際社会からの引きこもり」を克服するためにも、「安保法案」に対する粘り強い抵抗が必要だと考える。

わる具体的な問題を、子どもたちに語ってほしいと思うのです。

45 日本人の自覚をもち世界に貢献する（p214）

日本を有難がらなかった道元

「日本人の自覚をもち世界に貢献する」という節で、「世界の中の日本人としての自覚をもち、世界の平和と人類の幸福の実現に向けて、私たちはこれから何を考え、何をすればよいのだろうか」という問いかけがなされています。しかし、地球がボーダーレスになり、国際協力が必要になった時代において、「世界に貢献する」のに、なぜ「日本人の自覚をもつ」ことが必要なのかという説明はありません。『私たちの道徳』には、一貫して「日本人である前に人間である」といった発想を拒否する姿勢があります。このことは詰まるところ『私たちの道徳』が、個人は国家のために存在し、国家のために役に立つことが重要だという、一時代前の国家主義の立場に立っているからに他なりません。

けれども、ナショナル・アイデンティティにこだわらずコスモポリタン（世界市民）として生き、人類に貢献した人は大勢います。もちろん、日本人にもそういう人たちはいます。(注77)

「世界に影響を与えた日本人」の中にも「日本」を有難がらなかった人の存在が確

（注77） 大日本帝国の時代に朝鮮や台湾の植民地人民の側に立ってその権利を護ることに奮闘し、2004年に韓国から、日本人としては異例の建国勲章を授与された弁護士・布施辰治（1880〜1953）が、例として挙げられよう［25、65、p86］。

認できます。たとえば、アップル・コンピューターのカリスマ的経営者であったスティーブ・ジョブズ（1955〜2011）にも影響を与えたといわれる［14］禅僧・道元（1200〜1253）は、主著『正法眼蔵《しょうぼうげんぞう》』渓声山色《けいせいさんしょく》の巻で、

　またこの日本国は、海外の遠方なり、人のこころ至愚《しいぐ》なり。むかしよりいまだ聖人《しょうにん》うまれず、生知《しょうち》うまれず、いはんや学道の実士まれなり。

と書いています［85、第1巻、p201］。道元は「日本」をまったく有難がっていません。(注78)「世界に影響を与える」ために、「日本人としての自覚」は特に必要なものではないのです。

46 世界が抱える幾多の課題（p216）
人類の合理的選択としての人権

45と同じ節に「世界が抱える幾多の問題」として、「貧困」「地域紛争」「原油流出」「森林伐採」などの写真が掲げられています。

これまで見てきたように、「世界が抱える幾多の問題」を考えさせることが『私たちの道徳』の主目的ではありません。そのためか、写真を掲載し「世界が抱える課題や、日本と世界のかかわりについて学んだこと、考えたことをまとめよう」とあるだけの、素っ気ない記述で終わっています。

禅僧・道元（1200〜1253）

（注78）　道元は『正法眼蔵』礼拝得髄《らいはいとくずい》の巻で、日本の天皇を「小国辺土《しょうこくへんど》の国王」と呼び、天皇をも有難がっていないこと、また「男女差別」に果敢に反対していることも付記しておく［85、第1巻、p168〜170］。

しかし、「世界が抱える幾多の問題」は『私たちの道徳』の意図を超えて深刻になっています。客観的に現状を見れば、地球というこの小さな惑星において、私たちホモ・サピエンスはすでに飽和的展開を終え、今や存続可能性を考えねばならないレッドゾーンに突入していると思われるからです。

まず、世界人口の急激な増大が注目されます。1964年、人類が細菌兵器として開発されたモンスター・ウィルスによって全滅するというＳＦ『復活の日』［43］が書かれ、映画化もされました。このとき絶滅する世界人口は35億人でしたが、2011年に世界人口は70億人に達しました（国連「世界人口白書」）。わずか半世紀たらずで人口は2倍になったわけです。

その一方で貧富の格差が拡大しています。国際人権ＮＧＯオクスファムは、2014年1月20日、「世界最富裕層85人の富が世界人口下半分貧困層35億人の富に相当する」とし、2015年1月19日には、「2016年には1％の人の持つ富が残り99％の人の富を上回る」とし、2016年1月18日には「2015年だけで1％の人の持つ富が残り99％の人の富を上回り、世界最富裕層62人の富が世界人口下半分貧困層36億人の富に相当するようになった」とし、極端な格差の拡大に警告を発し続けています。

また、2016年4月、「パナマ文書」と呼ばれるタックス・ヘイブンの実態を示す膨大な内部資料が公表され、国際社会に衝撃を与えました。世界のジャーナリ

モンサントを告発した書籍［87］

ストの組織がこの流出資料の分析をしているといわれていますが、世界のごくわずかな者が富を独占するばかりでなく、得た利益に対する税金を逃れる仕組みが作られていたことに、改めて危機感を覚えざるをえません。

世界は急激に変化しています。70年代の初め、私の学生時代には、インターネットや遺伝子工学は、影も形もありませんでした。今コンピュータは生活の隅々まで入り込み、AI（Artificial Intelligence、人工知能）はチェスのチャンピオンを打ち負かし、その実力は将棋の名人、囲碁の世界チャンピオンを凌駕《りょうが》しつつあります。また、遺伝子が操作されて新たな生命体が作られ、遺伝子組み換え作物の危険性が問題となっています。人間とは「変化」というと、せいぜい1次関数とか2次関数といったイメージでしか認識することが出来ない動物なので(注79)、多くの人びとはまだ実感を持てないでしょうが、今や世界は倍々ゲーム、つまり指数関数的速度で変化しつつあります。

人類は今や地球というこの小さな惑星にあふれかえり、原発事故、経済格差の拡大、戦争とテロの悪循環、気候変動といった非常に不安定な状態に突入しています。また、PCBやダイオキシンなどで悪名高い多国籍食糧企業モンサント［87］の、遺伝子組み換え作物のシェアが拡大していることも気がかりです(注80)。こういった状況を見ると、人類の存続可能性が現在レッドゾーンに達しているのは明らかです。

先に人類滅亡の「蓋然性」について言及しましたが（第4章35）、それははるか

（注79） 豊臣秀吉（1537〜1598）のお伽衆《とぎしゅう》の一人だったとされる曽呂《そろ》利《り》新左衛門（生没年未詳）は、豊富な知識と話術で秀吉のお気に入りだったが、あるとき秀吉から褒美を与えるが何が欲しいかと問われ、今日は1粒、明日は2粒、明後日は4粒と1日ごとに2倍していって100日間分の米を願ったという。その願いを秀吉は「欲のない奴よ」と聞き届けた（もちろん実現不可能）。秀吉は、指数関数による増加が、どのようなものであるか理解できなかったのだ。

（注80） 19世紀半ばのアイルランドを襲った「ジャガイモ大飢饉」は、アイルランドで主食にしていたジャガイモを細菌性の伝染病が襲ったもので、800万強の人口のうち100万もの人が死に、150万人が海外移住した。35代アメリカ大統領J・F・ケネディ（1917〜1963）の祖父もそのときの移民だった［94、p84〜92］。この「ジャガイモ大飢饉」と同様の、ただし、はるかに大きい地球規模の遺伝子事故が起こる危険性について、考えざるをえない。

遠い未来に起きることであり、近未来において人類が滅亡の瞬間を迎えることは、「人類の生物種としての尊厳」に関わることです。この近未来におけるカタストロフを避けるために、人類はありったけの「理性」を動員し、「人類同胞の精神」を振り絞らなければなりません。つまり、人権（『私たちの道徳』の「人権」ではなく国際人権論にもとづく人権、第4章40参照）は、人類の存続のための合理的な選択だと私には思われるのです。

人類が地球というこの小さい惑星において、近未来の存在可能性を真剣に模索しなければならない時代に突入したとき、ひたすら日本に引きこもらせようとする『私たちの道徳』とは何なのか。空しく思われてなりません。

おわりに：『私たちの道徳』に対抗する立脚点としての国際人権と日本文化

本書の「はじめに」で『私たちの道徳』の意図は、

①「夢」を持ち、競争させられることに疑問を持たない人間を造る。

②「家族」を絶対視し、疑問を持たない人間を造る。

③「きまり」を批判せず、自他の人権と尊厳を考えない人間を造る。

④「国」を絶対視し、日本人である前に人間であるなどとは考えない人間を造る。

ことにあると述べました。これを標語的にまとめれば『私たちの道徳』とは、

「理性」なき「夢」

「個人」なき「家族」

「人権」なき「きまり」

「人類」なき「国」

だといえるでしょう。

①～④を体現した人格とは、視野が狭く、教養がなく、思い込みが激しく、社会的思考力がなく、国際的に通用せず、自他の権利や尊厳を守れない人間です。そういう人は、その人自身が不幸でしょうし、そういう人たちで構成された日本社会も

また不幸でしょう。

また、本書で繰り返し述べたように、『私たちの道徳』は日本国憲法を含む国際人権論に反しています。

さらに、今や人類は近未来における存続のレッドゾーンに達しているにもかかわらず、『私たちの道徳』の道徳観ではその現実に適応できず、人類の歩みから引きこもる日本人を、大量に産み出すだけに終わるでしょう。(注81)

より踏み込んでいえば、『私たちの道徳』は「日本」そのものを貶《おとし》めています。「改正」教育基本法、自民党憲法「改正」草案、育鵬社教科書、『私たちの道徳』などがこだわる「愛国」とは、明治維新以後、敗戦までの絶対天皇制と帝国主義を無理やり美化し、世界に通用するはずのない国家を夢見る、現実逃避に過ぎません。

日本の文化にはさまざまな側面があることを、本書は機会あるごとに指摘してきました。日本人も人類の一員である以上、多様な営みをしてきたわけで、そこには今日の目から見ても人類普遍の価値に合致するものも見られます。たとえば、7世紀前半に書かれた『隋書』倭国伝は同時期の倭国を「兵あれども征戦なし」と表現しており[16]、これは現実に同時代に存在した思想の表現と思われます。(注82) つまり、戦争放棄の日本国憲法9条は『古事記』(712)『日本書紀』(720)以前の日本の伝統に合致しているとさえいえるのです。『私たちの道徳』はそのような「日本」への認識を閉ざすテキストでもあります。

(注81) 日本は1933年に国際連盟を脱退し、その5年後にはILOに「協力中止」を通告した[61]。その当時、日本はアジア唯一の超大国だったので、一時的にせよ「人類からの引きこもり」が可能だったが、現代の日本はILOや国連といった国際秩序から脱退できる立場にはない。『私たちの道徳』が目指す「人類からの引きこもり」は、不毛な消耗をもたらすに過ぎないだろう。

(注82) 同時代の倭王「阿毎多利思比弧《あめたりしひこ》」は「聖徳太子」とされる。「聖徳太子」の遺児、山背大兄皇子《やましろおおえのみこ》は、643年、蘇我入鹿《そがのいるか》に攻撃されたとき、戦うべきだという臣下の勧めを、自分のために人民が死ぬのを望まないとして退け、一族と共に自殺したと『日本書紀』は記している[23、下巻p144~146]。なお「聖徳太子」の『古事記』『日本書紀』以前の歴史的実像については[72、76]を参照されたい。

最後になりますが、本書の原型は石川県教職員組合のシンクタンク、いしかわ教育総合研究所が２０１５年３月に刊行したブックレット〔15〕内の拙稿「『私たちの道徳』批判」です。(注83) 拙稿は『私たちの道徳』の使用を強制される現場の先生方に、その危険性を伝えるため急いで書かれたもので、取り上げた項目も全４冊から20項目に過ぎませんでした。それで拙稿中にも述べたことですが、より網羅的なテキストが必要ではないかと思い続けていました。また拙稿では『私たちの道徳』理解のキーワードとして「夢」「きまり」「国」の３つを挙げたのですが、「家族」もキーワードに加えるべきだと思いつきました。

本書では項目を46に増やし、「家族」もキーワードに加えたことで、私の宿題がはたせた気持ちでいます。また、日本の民主主義は日本国憲法だけでなく国際人権論にもとづかなければならず、さらに国際人権論も人類史の中でとらえなおさなければならないという私見や、自分なりの歴史認識についても一定程度の言及をすることができました。

本書を、現場の先生はもとより、日本の人権・民主主義・歴史・文化・社会・教育に関心のある一般の方に、広く読んでいただくことを希望してやみません。

(注83) ブックレットは、いしかわ教育総合研究所・教育政策部会長だった憲法学者・石川多加子さんの提起により編さんされた。また同ブックレットは、いしかわ教育総合研究所ホームページにＰＤＦファイルとしてアップされている。

■謝辞

本書を書くにあたり、草稿を、いしかわ教育総合研究所の田村光彰さん、古河尚訓さん、山添和良さん、塚本久夫さんに読んでいただき、各位から有意義かつ厳しいご意見をいただきました。また石川県教組、日教組東北ブロック、岩手県教組には関連する講演を聞いていただき、大変参考になるご意見や激励をいただきました。もちろん本書の内容の全責任は私にありますが、これらの方々のご協力に心から感謝する次第です。

■参考文献

［1］相沢源七編『石川啄木と仙台』宝文堂1976
［2］I・フィンケルシュタイン、N・A・シルバーマン著、越後屋朗訳『発掘された聖書』教文館2009
［3］アインシュタイン著、内山龍雄訳『相対性理論』岩波文庫1988
［4］阿川弘之『井上成美』新潮文庫1992
［5］阿古真理『「和食」って何？』ちくまプリマー新書2015
［6］阿部純子著、石川隆監修『わかっちゃう図解ウィルス』新紀元社2012
［7］安倍辰夫・平川南編『多賀城碑』雄山閣出版1989
［8］雨宮処凛『生きさせろ！　難民化する若者たち』太田出版2007
［9］網野善彦『日本の歴史をよみなおす（全）』ちくま学芸文庫2005
［10］アリス・ロバーツ編著、馬場悠男日本語版監修『人類の進化大図鑑』河出書房新社2012
［11］安斎育郎『［増補改訂版］家族で語る食卓の放射能汚染』同時代社2011
［12］アンネ・フランク著、深町真理子訳『アンネの日記』文春文庫2003
［13］イェーリング著、村上淳一訳『権利のための闘争』岩波文庫1982
［14］石井清純監修、角田泰隆編『禅と林檎　スティーブ・ジョブズという生き方』宮帯出版社2012
［15］いしかわ教育総合研究所『「わたし（私）たちの道徳」批判・分析と授業案』2015
［16］石原道博編訳『新訂　魏志倭人伝・後漢書倭伝・宋書倭国伝・隋書倭国伝』岩波文庫1985
［17］石田勇治『ヒトラーとナチ・ドイツ』講談社現代新書2015
［18］稲葉剛『生活保護から考える』岩波新書2013
［19］井上鋭夫『一向一揆の研究』吉川弘文館1968

[20] 井上正仁・山下友信編集代表『平成27年版ポケット六法』有斐閣2015
[21] 茨木のり子『倚りかからず』ちくま文庫2007
[22] 牛久保秀樹・村上剛志『日本の労働を世界に問う』岩波ブックレット2014
[23] 宇治谷孟『日本書紀　全現代語訳』講談社学術文庫（全2冊）1988
[24] 内橋克人『悪夢のサイクル・ネオリベラリズム循環』文芸春秋2006
[25] 大石進『弁護士　布施辰治』西田書店2010
[26] 大城将保・目崎茂和『修学旅行のための沖縄案内』高文研2006
[27] オーウェン・ギンガリッチ編集代表、ナオミ・パサコフ著、西田美緒子訳『マリー・キュリー』大月書店2007
[28] 大橋俊雄校注『一遍聖絵』岩波文庫2000
[29] 大藤修『二宮尊徳』吉川弘文館2015
[30] オスカー・ワイルド著、田部重治訳『獄中記』角川文庫ソフィア1998
[31] 笠原十九司『南京事件』岩波新書1997
[32] 勝又進作画、古関彰一原作・監修『劇画・日本国憲法の誕生』高文研1997
[33] 金谷治訳注『論語』岩波文庫1999
[34] 金谷治『論語と私』展望社2001
[35] キャサリン・フリース著、水谷淳訳『宇宙を創るダークマター』日本評論社2015
[36] 金龍静『一向一揆論』吉川弘文館2004
[37] 久保田正文編『新編　啄木歌集』岩波文庫1993
[38] 琴秉洞『日本人の朝鮮観』明石書店2006
[39] 久米邦武著、水澤周訳注、米欧亜回覧の会企画『米欧回覧実記』慶應義塾大学出版会（全5巻）2008
[40] 倉野憲司校注『古事記』岩波文庫2007

[41]越川禮子『商人道「江戸しぐさ」の知恵袋』講談社＋α新書2001
[42]子どもと教科書全国ネット21編『徹底批判！「私たちの道徳」道徳の教科化でゆがめられる子どもたち』合同出版2014
[43]小松左京『復活の日』ハルキ文庫1998
[44]近藤義郎『前方後円墳の起源を考える』青木書店2005
[45]三枝充悳『仏教入門』岩波新書1990
[46]司馬遼太郎『竜馬がゆく』文芸春秋（全5巻）1966
[47]下重暁子『家族という病』幻冬舎新書2015
[48]下野新聞・子どもの希望取材班『貧困の中の子ども』ポプラ新書2015
[49]浄土真宗本願寺派総合研究所編『浄土真宗聖典　註釈版第二版』本願寺出版社2004
[50]ジョン・ロック著、加藤節訳『統治二論』岩波文庫2010
[51]真宗聖典編纂委員会編『真宗聖典』真宗大谷派宗務所出版部1978
[52]田中則夫・薬師寺公夫・坂元茂樹編集代表『ベーシック条約集2015』東信堂2015
[53]谷川健一編『日本の神々8　北陸』白水社1985
[54]谷川俊太郎選『茨木のり子詩集』岩波文庫2014
[55]千本秀樹『新装　天皇制の侵略責任と戦後責任』青木書店2003
[56]東京日日新聞社会部編『戊辰物語』岩波文庫1983
[57]藤堂明保編『学研漢和大字典』学習研究社1978
[58]トマ・ピケティ著、山形浩生・守岡桜・森本正史訳『21世紀の資本』みすず書房2014
[59]特定非営利活動法人ヒューマンライツ・ナウ編『今こそ個人通報制度の実現を！』現代人文社2012
[60]中塚明『現代日本の歴史認識』高文研2007
[61]中山和久『ILO条約と日本』岩波新書1983

[62] 中山茂『野口英世』岩波同時代ライブラリー1995
[63] 浪本勝年・岩本俊郎・佐伯知美・岩本俊一編『史料　道徳教育を考える〔3改訂版〕』北樹出版2010
[64] 奈良本辰也『吉田松陰著作選』講談社学術文庫2013
[65] 日中韓3国共通歴史教材委員会『第2版　未来をひらく歴史』高文研2006
[66] バーバラ・J・キング著、秋山勝訳『死を悼む動物たち』草思社2014
[67] 朴慶植『朝鮮人強制連行の記録』未来社1965
[68] 朴天秀『伽耶と倭』講談社2007
[69] 芭蕉著、荻原恭男校注『おくのほそ道』岩波文庫1979
[70] 羽仁五郎『国会』光文社カッパブックス1956
[71] 原田伊織『明治維新という過ち〈改訂増補版〉』毎日ワンズ2015
[72] 原田実『つくられる古代史』新人物往来社2011
[73] 原田実『江戸しぐさの正体』星海社新書2014
[74] 半沢英一『雲の先の修羅―『坂の上の雲』批判』東信堂2009
[75] 半沢英一『邪馬台国の数学と歴史学』ビレッジプレス2011
[76] 半沢英一『天皇制以前の聖徳太子』ビレッジプレス2011
[77] B・ジャック・コープランド著、服部桂訳『チューリング』NTT出版2013
[78] 樋口陽一『いま、「憲法改正」をどう考えるか』岩波書店2013
[79] 平尾道雄『坂本龍馬　海援隊始末記』中公文庫2009
[80] ブラック企業大賞実行委員会編『マンガでわかるブラック企業』合同出版2013
[81] フランス・ドウ・ヴァール著、柴田裕之訳『道徳性の起源　ボノボが教えてくれること』紀伊国屋書店2014
[82] ベアテ・シロタ・ゴードン著、平岡磨紀子構成・文『1945年のクリスマス』柏書房1995

[83] 前田哲男・纐纈厚『東郷元帥は何をしたか』高文研1989
[84] 孫崎享『日本の国境問題』ちくま新書2011
[85] 増谷文雄全訳注『正法眼蔵』講談社学術文庫（全8巻）2005
[86] 松中権『LGBT初級講座　まずは、ゲイの友だちをつくりなさい』講談社+α新書2015
[87] マリー＝モニク・ロバン著、村澤真保呂・上尾真道訳、戸田清監修『モンサント』作品社2015
[88] 三上満・浦野東洋一・伊藤真ほか著『教育基本法「改正」後の教育』草土文化2007
[89] ミシェリン・R・イシェイ著、横田洋三監訳、滝澤美佐子・富田麻里・望月康恵・吉村祥子訳『人権の歴史』2008
[90] メルボルン事件弁護団編『メルボルン事件個人通報の記録』現代人文社2012
[91] 山尾幸久『古代の日朝関係』塙書房1989
[92] 山辺健太郎『日韓併合小史』岩波新書1966
[93] 山辺健太郎『日本統治下の朝鮮』岩波新書1971
[94] 山本紀夫『ジャガイモのきた道』岩波新書2008
[95] 湯浅誠『貧困襲来』山吹書店2007
[96] ユーゴー著、豊島与志雄訳『レ・ミゼラブル』岩波文庫（全4巻）1987
[97] 横田洋三編『国際人権入門［第2版］』法律文化社2013
[98] 吉見義明『従軍慰安婦』岩波新書1995
[99] リチャード・ドーキンス著、デイヴ・マッキーン画、大田直子訳『ドーキンス博士が教える「世界の秘密」』早川書房2012
[100] 歴史学研究会編『日本史年表　第四版』岩波書店2001
[101] ロベール・ドリエージュ著、今枝由郎訳『ガンジーの実像』文庫クセジュ2002
[102] 渡辺勝正『杉原千畝の悲劇』大正出版2006

■付録：『私たちの道徳』全4冊の構成と本書との対応

（○の数字は章、（　）の数字は節、［　］の数字はその節に対応する本書の項目番号）

『わたしたちの道徳　小学校一・二年』

①　自分を　見つめて

（1）きそく　正しく　気もちの　よい　毎日を

（2）自分で　やる　ことは　しっかりと　［1、2］

（3）よいと　思う　ことは　すすんで　［3］

（4）すなおに　のびのびと

②　人と　ともに

（1）気もちの　よい　ふるまいを

（2）あたたかい　心で　親切に

（3）ともだちと　なかよく

（4）お世話に　なって　いる　人に　かんしゃして

③　いのちに　ふれて

（1）いのちを　大切に　［4］

（2）生きものに　やさしく

（3）すがすがしい　心で

④　みんなと　ともに

（1）やくそくや　きまりを　まもって　［5］

（2）はたらく　ことの　よさを　かんじて

（3）家族の　やくに　立つ　ことを　［6］

（4）学校の　生活を　楽しく

（5）ふるさとに　親しみを　もって　［7］

『わたしたちの道徳　小学校三・四年』

①　自分を高めて

（1）よく考えて節度ある生活を　［8］

（2）やろうと決めたことは最後まで　［9］

（3）正しいことは勇気をもって　［10］

（4）正直に明るい心で

（5）自分の良い所をのばして

②　人と関わって

（1）だれに対しても真心をもって

（2）相手を思いやり親切に　［11］

（3）友達とたがいに理解し合って　［12］

（4）そんけいと感謝の気持ちをもって

③　命を感じて
（1）命あるものを大切に
（2）自然や動植物を大切に
（3）美しいものを感じて

④　みんなと関わって
（1）社会のきまりを守って
（2）働くことの大切さを知って　[13]
（3）家族みんなで協力し合って　[14]
（4）協力し合って楽しい学校、学級を
（5）きょう土を愛する心をもって　[15]
（6）伝とうと文化を大切に　[16]

『私たちの道徳　小学校五・六年』

1章　自分をみがいて
（1）節度、節制を心がけて
（2）希望と勇気をもってくじけずに
（3）自律的で責任ある行動を
（4）誠実に明るい心で　[17]
（5）進んで新しいものを求めて　[18、19]
（6）短所を改め、長所をのばして

2章　人とつながって
（1）礼儀正しく真心をもって　[20]
（2）相手の立場に立って親切に
（3）たがいに信頼し、学び合って
（4）けんきょに、広い心をもって　[21]
（5）支え合いや助け合いに感謝して　[22]

3章　命をいとおしんで
（1）自他の生命を尊重して
（2）自然の偉大さを知って　[23]
（3）大いなるものを感じて

4章　みんなとつながって
（1）法やきまりを守って　[24]
（2）公正、公平な態度で
（3）自分の役割を自覚して
（4）公共のために役立つことを
（5）家族の幸せを求めて　[25]
（6）より良い校風を求めて
（7）郷土や国を愛する心を　[26]
（8）世界の人々とつながって　[27、28]

『私たちの道徳　中学校』

[著者]
半沢　英一（はんざわ・えいいち）

1949年生。東北大学理学部数学科卒、理学博士（数学）。元北海道大学、金沢大学教員、現在いしかわ教育総合研究所・教育政策部会長

【主要論文・著書】

「ステファン問題の古典解」(英文、博士論文)『東北数学雑誌』1981
「シュヴァルツ超関数理念の一般化」(英文)『日本応用産業数学雑誌』1992
「数学と冤罪―弘前事件における確率論誤用の解析」庭山英雄編『被告・最高裁』技術と人間1995所収
『狭山裁判の超論理』解放出版社2002
「ナッシュの等距離埋蔵論文の影響についての私見」『ナッシュは何を見たか』シュプリンガー・フェアラーク東京2005所収
「ナッシュのゲーム理論―正義と競争の数学的関係」『数学通信』2007（日本数学会ＨＰで公開）
『雲の先の修羅―『坂の上の雲』批判』東信堂2009
『邪馬台国の数学と歴史学―九章算術の語法で書かれていた倭人伝航路記事』ビレッジプレス2011
『天皇制以前の聖徳太子―『隋書』と『記』『紀』の主権者矛盾を解く』ビレッジプレス2011
「「人間宣言」書き換え事件考」『反天皇制市民1700・31』2012
『ヘックス入門―天才ナッシュが考えた数学的ボードゲーム』ビレッジプレス2013

組　　　版　森 富祐子
編集スタッフ　河西 真希
表紙イラスト　えんどうたかこ

合同ブックレット⑩
徹底批判!!「私たちの道徳」
こんな道徳教育では国際社会から孤立するだけ

2017年1月16日　第1刷発行

著　者　半沢英一
発行者　上野良治
発行所　合同出版株式会社
東京都千代田区神田神保町1-44
郵便番号　101-0051
電話 03（3294）3506 ／ FAX 03（3294）3509
URL http://www.godo-shuppan.co.jp/
振替 00180-9-65422
印刷・製本　新灯印刷株式会社

■刊行図書リストを無料送呈いたします。
■落丁乱丁の際はお取り換えいたします。

ISBN978-4-7726-1275-3　NDC370　210 × 148